コドナの言葉

窪塚洋介

「窪塚はオワコン」
「全盛期はスゴかった」

→ハア？
他人の全盛期を
勝手に決めるな。
バカヤロウ。

【オワコン】—「オワってるコンテンツ」の略。終了、ではなくあくまでオワッてる。無価値な状態を指す。90年代風に言うならば「遅れてるぅ」

昨日の俺が、今日の俺に、
敵うわけがねえじゃねぇか。

俺は毎日、最高ヴィジョンで、
ハイに生きてます。
明日はもっと。
だから、一昨日の俺は、
今の俺からしたら雑魚です。
一撃です。

昨日よりも今日。
今日より明日。
俺はいつも最前線。
全盛期はいつもこの先。

ていうか、
「今」を
生きてる。

世の中がいう「全盛期」の俺には、

クラブでLIVEして会場を湧かせることも、

ハリウッドの巨匠が念願だった映画で、

メインキャストやることも、

到底できなかった。

【ハリウッド】—アメリカ合衆国カリフォルニア州のロサンゼルス市に実在する地区。映画業界の聖地。そこで巨匠でいるってことはとんでもなく凄いこと。

我のみ知る道、愛をもって。
その道は路地裏からレッドカーペット、
そのずっと先まで続いているから。

【我のみ知る道、愛をもって。】—窪塚洋介の座右の銘。これまでも、これからも。

EPISODE #1

10代のイノセント

「あんた芸能界行っちゃうんじゃないの!?」

物心つくかつかないかぐらいの頃から

母親がそんな感じで刷り込んできてて。

そうゆう微妙な「空気」を入れられてたんだなってのは思う。(笑)

俺も知らん間に知らん間に興味が湧いて。

テレビっ子じゃん?

TVの中に出ている人、みんなカッコイイじゃん。

戦隊モノのヒーローから歌手まで。

役者もタレントも全部一緒。

TVの中の人。

芸能人。

業界人。

みたいな。

【業界人】―芸能界にまつわる仕事をしている人。

当時だよ？
当時でも。
当時だからかな。
当時だからこそ。
俺もカッコイイ男になりたいって。
そんで漠然と芸能界に憧れていた。
人並みに、いたずらに、ね。
で、そんなことは誰にも言わないとこも、人並みの子だった。

ある程度教育熱心な親と仲良い兄弟。
ホント絵に描いたような、
どこにでもある、慎ましい、普通の家庭だったと思う。

俺は俺で、無垢で。ピュアで。むしろハードピュアってゆうか。
真っ直ぐ。超真っ直ぐ。

まぁでも、そのなんか無垢さとかピュアさみたいなのを、
大人になっても無くしちゃいけないもんだなって
気がついているような、変なマセ方はしてたと思う。

【真っ直ぐ】一素直。少しも曲がることがない。頑固、とはちょっと違う。ハードピュア≒真っ直ぐ
【マセ方】一マセてる。「こまさくれる」→「こましゃくれる」→「ませている」と、古くは室町時代にあった言葉が変化した歴史ある言葉。

「自分ってなんだろう？」

「世界ってどうなってんだろう？」

「カッコイイってなんだろう？」

こうなりたいとか、
こうあるべき。とか、
イメージや哲学みたいなものが先行しているガキだった。

今になって、
やっと言葉に体や心が追いついてきてるっていうか、
遅ればせながら、自分が追いついてきた感覚はある。

そんな自分を作ったきっかけ、

というか転機は、

良くも悪くも、芸能界。

15歳の時、

芸能事務所に

所属することになった。

【芸能事務所】―芸能人を支えてくれる会社。売り込みもしてくれるし守ってもくれるが、時に背中を刺されることもある？

高校行く前に決まってさ、
その上で高校入ってんのね。

だからなんか、
高校行ってるけど、もう半分気分は芸能人なんだよ。
16歳。
なんの仕事もしてないけど。

ドア開いちゃってるから。
あっち側、俺もう入れるし。
みたいな気分で。
夢が急に叶ったことを手探りで堪能してる感じ。

【ドア開いちゃってる】─スーパーマリオのスター取って無敵の状態。

21

でその頃、「湘南武闘派高校伝」っていう、
今思うととっても イナタイ、Vシネマに出たんだよね。

喧嘩のシーンを撮ってたんだけど、
俺、学校でテストがあって、
そのテスト絶対に受けないとヤバイみたいな状況で
監督からもテスト受けて来いって言われてさ。

でも撮影は終わってねーから、
テストの後に撮影現場まで戻って来てくれ、と。

ただ、行く前のシーンで喧嘩のシーン撮ってるから
顔が腫れてるメイクなの。
血とか出てるようなさ。

で一回撮影が一段落して、
「はーい！窪塚くんテスト受けてきて!!」
と言われて、
俺「このまま行っちゃおうかな」ってなってさ。

ホントにそのまま行っちゃったんだよ。

【湘南武闘派高校伝】—1997年のある意味伝説的なVシネマ。キャッチフレーズは、「俺たちの青春は、喧嘩とサーフィンの日々だった」。
【イナタイ】—田舎臭い、ダサいという意味にとられがちだが、「ベタで泥臭いけど良さもある」といったポジティブな意味でも使われる。

学校に向かう電車乗ってる時に、
なんか すげー見られんじゃん。
「えっ?」
みたいな。

それがなんか、
すごい心地よい感じってゆうか。

「やっべー、俺の人生始まっちゃってる」
みたいな。

「俺、高校生だけど、実はみんなとは違うことしてるんです！」
って電車の中で声を大にして言いたい気分になってた。

学校の中でも、
「どーしたの、それ!?」
ってチヤホヤされて。
「いや、ちょっと撮影してて」
とか言うのも嬉しくてさ。

全部が新鮮だったし。

もう瞬きしてる暇ないくらい、
毎日がスリリングで、
撮影ごとに色んなこと吸収して。

ホントにスポンジみたいだったと思う。

そんで、
東京のストリートカルチャーを知ったのもこの頃。

「ホントの意味で、カッコイイ」先輩たちに
喰らわせられまくった。

だから

「ホントの意味で。ヤバイ役者になりたい」って
思うようになれた。

【喰らう】【喰らった】—パンチをくらう等、ダメージを受ける時に使われるが、「やべぇ、イイ！」とシビれる時にも使われる。

でもやっぱ最初は、
某サスペンスとかさ、
なんか自分が思っているような作品と巡り会えず、
モヤモヤした日々が続いたな。

「俺は誰？何をやってるんだ??」
ってなることもあった。

そんな中、なんとか人生っていうか、「答え」を見つけようと、
高校の時からずーっと"言葉"を超書いてた。

気になった電車の中吊り広告までメモったりしてた。
当時はiPhoneじゃないから、メモ帳に。

やっぱ色んな本とか、
音楽とか、映画とか、漫画もそうだけど、
"俺は俺"っていうメッセージって、
とてつもないエネルギーを持っててさ。

なんの広告か忘れたけど、
高校の時に品川駅で見た、

【某サスペンス】―某○曜サスペンス劇場や、某○曜ワイド劇場などの枠内で放送されるサスペンスドラマ。とりあえず断崖絶壁、旅館、家政婦、etc.

「人としてエリートでありたい」

ってゆう言葉は喰らったな。

なんかそれは今も思ってる。

だからその時に見た広告の言葉は、
今も自分の中に残ってるんだよね。

それから、全ての事に無駄なことは無いって信じてた。

今も持ってるその下地みたいな考え方は、
その頃に芽生えたんだと思う。
ちょっと伝え方ハショってるけど。(笑)
今は思いつくままに、iPhoneにメモしてるよ。

【人としてエリートでありたい】―出典不明。サイヤ人としてエリートでありたかったのはベジータである。

すげー頭でっかちで中途半端だった十代の俺だけど、
色んな事を考え、感じ、想い悩み、ぶつかったりして、
見えてきた自分の答えが

「自分は自分だから、中途半端でも、その俺を極めたらいいや」

これが18歳ぐらいまでの感覚かな。

【俺を極める】―自分自身の限界に行き着くこと。自分自身のバランスを見極めること。だいたい、一生かかる。

**CUT-IN
QUESTION
#1**

「エリートとは？」

芸能界の話とも通じるんだけど、
"1番金を稼いでる役者が、1番いい役者"
ってゆう言い方があるじゃん。

で、これ、ヒロトさんの言葉だったと思うけど、
"1番売れてるラーメンが1番美味しいラーメンだったら、
それはカップラーメンですよね"
ってことになるじゃん。

"1番売れてるってことは、1番イケてるってことではないよね"
ってゆう。

それは今も思ってて。
20年以上テレビ見てねーから、
今もやってるのか分かんないけど、
当時、、、かな？ちょっと記憶アイマイだけど、
一流芸能人、二流芸能人、三流芸能人って芸能人を
格付けする番組やってて。

それにすごい虫酸が走ったのを覚えてて。

【ヒロトさん】一泣く子も黙るTHE BLUE HEARTSのボーカル、甲本ヒロト。タイムボカンシリーズの大ファンとしても知られている。

小賢しいってゆうか、
洗脳だってのも、すでに気づいてんだ。そん時には。

芸能界ってものの、
芸能人ってものの、
本物を隠す為の洗脳ってゆうか。

要は、
強い事務所の中の奴、
お金をいっぱい儲けられる仕組みを作りたい奴らが
「一流」とか「二流」とか
言ってることであって。

本物の力がある奴が言うセリフじゃないじゃん。
と思ったのね。

だから「エリート」って言葉は、
何が本物で何が偽物かってゆうのを見極める
ラインみたいなものだと思う。
俺にとってはね。

やっぱ、会って話すのが1番早いけど、

【洗脳】─マインドコントロール。主義や思想を根本から変える。周りに合わせがちな人ほどかかりやすい。メンタリストのそれよりもずっと強力。

その人の「人となり」ってゆうかさ。
一人の人物としての奥深さ。
こんなこと考えてんだ、とか。

あっ、こうゆう話し方すんだ、とかさ。

もっとおもしろいのは、
「現場に居る姿をみる」ってことかな。

どういう振る舞いをしているのか。
どのシチュエーションの時に、
どういう振る舞いをしているのか。

よく言うんだけどさ、
その人がどういう人か知りたかったら、
その人が全く関係ないレストランに連れて行けって。
で、そのレストランで、店員への接し方を見ろって。
それがその人だから。

その人が何考えてて、どういうつもりでここまできてて、とか、
手に取るように分かったりすることがあるから。
その時に、「人としてエリート」のラインを超えてる人で
ありたいなって思うよね。自分はね。

【店員への接し方】─基本的に店員さんに上から目線であればあるほどダサい。そもそもそういうことをカッコいいと思っている
のが痛い。

EPISODE
#2

上京時代

【上京】―東京へ行くこと。江戸時代は京都へ行くことを指していた。しかしその上京という言葉よりも上洛という言葉の方が
使われていたらしい。

東京に来たのが19歳くらいからだけど、
社会とか世の中とか俺が思っていた形と
全然違うなーと思った。
こんなおもしれーんだ東京、みたいな。

最初の3年間、実家、横須賀なのに1回も帰ってないからね。
その3、4年間は親の顔、見てないし。

ひたすら外の世界に出たいって、ずっと思ってたからさ、
もうそのまんまの勢いでロケットが打ち上がっちゃったみたいな。

【横須賀】―神奈川県南東部の三浦半島に位置する。在日アメリカ海軍の基地がある街。ドブ板通り、スカジャンが有名。窪塚洋介の地元。

俺、当時、高輪と五反田の間ぐらいに住んでたんだけど、
渋谷でしこたま遊んで、
朝方、明るくなってきた街ん中、
東京のコンクリートジャングルを、
BMXで駆け抜けて家まで帰る。
酒入ってる時もあって。
今じゃ飲酒運転でダメだけど。

でも当時は、
あの感じがなんかすごい気持ちよかったなー。

周りはタクシー当たり前、みたいな感じだったけど、
俺はチャリのスピードがちょうどよくて。
漕いだ分だけ進むし、
全身に風浴びるし、
東京を肌で感じる時間だった。

【BMX】―映画『E.T.』のアノ自転車。元々子供用の自転車だったものが、レースや、フリースタイルに使われるようになった。遠出はキツい。

一人暮らしが始まって、
色んなもの買い揃えて、
自分だけのものを持つようになるのも嬉しかった。

俺のテレビ。
俺のソファ。
俺の部屋。
少しずつ買いそろえていって、大人になってる感じがしたね。

そして、色んな人との繋がり。

テレビで見てた人とか、
雑誌で知ってたブランドのオーナーとか、
知り合って、「今度事務所おいでよー」
とか言われちゃって。
服もらっちゃって。

なんか、そういう、毎日がずーっと楽しく、
お祭りみたいな気分。それを加速させたのが、GTO。

役者として初めて出演した連続ドラマがGTOだった。
世の中に俺の顔が認識されるようになった作品が
これだったと思う。

で、連ドラに出ると、
すげー反響があるんだなってのを身を以て体感した。

放送された翌日。
ホント1日で世界は変わるってのはあった。

嬉しかった、
めちゃくちゃ嬉しいし、
夢が叶っていく一歩目、
二歩目みたいな感覚になっていってるけど、

「なんかな、、、多分こうじゃねぇし、ここじゃねぇ」
って気づいてた。

【GTO】― Great Teacher Onizukaの略。「湘南純愛組！」（藤沢とおる）の続編で、元不良の鬼塚が教師として活躍する人気漫画。ドラマ化もバズった。

「本物じゃねえ」っていうか。
今吹いてる風に騙されてはいけない、
って脳内で超アラームが鳴ってるの。
それまでにストリートの先輩たちに喰らわせられまくって
培った下地がそうさせなかったのかもしれないね。

だから、芸能人が集まってるクラブとかに誘われても
全然行かなかった。

だったらHARLEMに遊びにいってHipHopを聴こう、
みたいな。

もちろん、それでも芸能界で顔が売れてきて、
脳内では超浮かれて浸ってたと思うよ。

でも自分のちょっと天邪鬼なとこが、
俺をどんどんどんどん、
芸能界の外に勝手に足を運ばせていったのかなって気もする。

一人暮らしで自分で借りた家にもあんまり帰らなかった。

友達や先輩の家を寝泊まりしてまわってたんだよ。

【HARLEM】―1997年、渋谷にオープンしたクラブ。ヒップホップの聖地。名前の由来は、お姉ちゃんウハウハ状態ではなく、
当時のN.Y.の危険地域から。

37

クラブから撮影現場に朝直行するなんてことも
しょっちゅうだったな。
ホントにふわふわ雲みたいに生きてた。
今また、その生活をしたいか?と言われればそうではないけど、
全ては延長線上だから、あの時間を経たから、
今こんなハッピーなんだろうなーと思うし。

こんなこと言ってると、
あまりストイックじゃないねとか言われそうだけど、
なんか、その時その時にあるものや、
その瞬間一番楽しいと感じることを、
その時期に一緒にいる仲間と、いい意味で後先なんか考えず、
思っきし堪能するのって大事だと思う。

それは、天が用意してくれたフォーメーションみたい。
だから信じ抜く。自分の胸のドキドキを。

人生的に本当に大事なことや人って、
その時期、近くにいる人だったり、
起こることだったり、
たまたまの出来事だったりする。
メンバーが変わったりはするんだけど、
でもそれはそれでその時にしかない、すげー大事であることには
変わりないんだよ。

【ストイック】一感情や欲に流されないこと。自分に厳しいさま。反対語は「楽しい方がいいっしょ」。ストイックだから幸せだと
は限らない。

当時、その瞬間、全てが刺激的だったし。
知らないことばっかりだったし。

東京のストリートで出会った
強烈にイケてる先輩たちの、
格好いい部屋、洋服、
遊び方、使う言葉、喋り方、生き方。

その全てに影響を受けて、
十代で頭でっかちに作った下地に、
色んなモンぶち込んで、
肚に落とす作業してたのかもしれないね。

で、自分の中にある答えが当ってんのか、
間違ってんのかを何度も何度も確かめてた。

それが俺の上京時代だと思う。

【肚に落とす】―腹落ちすると同義。納得や理解をすること。「腑に落ちる」も同義語だが、本来は「腑に落ちない」と否定で使われていた言葉。

**CUT-IN
QUESTION
#2**

上京時代、
この人カッケーって
喰らった人は？

答えられないぐらい、
いっぱいいるけど。

役者で言うと、
IWGPの時、
渡辺謙さん格好良かったな

エキストラの奴が、騒いでて。
「うっるせーなー」っと思って、イライラしてたら。
多分、俺がイライラしてんのが謙さん分かって、

【IWGP】—TBS系のテレビドラマ。『池袋ウエストゲートパーク』の愛称。窪塚洋介が「キング」役を演じ、社会現象となった。日本で一番再放送されている連続ドラマ。
【渡辺謙】—世界を舞台に活躍する大俳優。お孫さんたちに「J」と呼ばせる茶目っ気も。IWGPでは警察署長や退職後の探偵を演じた。

俺の代わりに、
「おめーら遊び来てんじゃねーだろ!」って怒鳴ってくれて。

役柄では俺がキングだったけど、
実際の現場では謙さんの一言で
あの大勢の若者たちがみんなビシッと締まって撮影に入る。

人の気持ちを汲んでくれる優しさと、
一言で現場の空気を締める格好良さがあったな。

やっぱそういうのを見ると、
「いつか俺も、あれ、できるようになんねーとな」って思った。

芸能界にも、"楽しい現場が、良い現場ですよねー"
って奴ら、めちゃくちゃいると思うんだよ。

【キング】―IWGPにおける窪塚洋介の役柄。ギャング集団GボーイズのキングD「パンチラみ〜て、げんき〜だして♪」などアドリブからの名台詞多数。

本当はさ、窮屈でムカつく、つまらない現場だって、
いい作品さえできれば、それは良い現場なんだよ。
楽しくはなかったかもしれないけど。
それを勘違いしている奴がめちゃくちゃいる。

これ、役者の良いエピソードとして語られてて
ムカつくことなんだけど、

「あの役者さん、カチンコ鳴る直前まで、
どうでもいい話してたんですけど、
カチンコ鳴った瞬間、ガーって涙流すんですよ」
みたいな話聞いたことあるでしょ?

カメラ前とかで、直前までどうでもいい話してたりとかさ。

これ、最低だと思うよ。
現場でやってたら。

テメーのことしか考えてねーじゃん。
ド三流だよ。マジで。
想像力が足りないんだね。
そこには新人で
ガチガチに緊張してる若い子もいるかもしれないし。
そしたらその子も入りやすいような空気を作ってやって
はじめて先輩じゃん。

【カチンコ】一映画・ドラマで使われる、拍子木の部分を鳴らしてスタート、ストップをかける道具。「ケツカッチン」は「終わりの
カチンコの音」に由来。

超一流みたいに語られてるエピソードで、
俺が一番ムカつくのがこれだな。

そいつがただ、ただ、見えてないだけじゃん。
オマエの演技だけで作品ができてんじゃねーんだよ、ってね。

なんだったら、
照明のアシスタントの子がなんかやってる事まで見えてるよ。
こっちで芝居の練習してようが、何してようが、
本当は全部見えてて、

車あっちから止まってんのとか見えてて、運転手怒ってるなら
「一回先に行かせてやろーよ」とか。

車止めてる子なんて板挟みの
クタクタの若い子だったりするんだからさ。

でもそーゆー子に負担かけて回す現場もあるからさ。

【車止め】一映画の現場で公道を使用する際（警察の許可は降りている）、スタッフさんが頭を下げて車の通行を止めること。苦情を
生みやすい。

「止めとけよ！そんなもん!!」
とか先輩に言われて重い空気になってさ。

普通に「いーよ。一回行かそうよ」
って言ってあげれる余裕持って居てあげられるのも、
先輩になってくことなんじゃねーのって思うけど。
アバウトだけど。(笑)

でもね、

現場が、くっそ緩すぎて、
「何これ」ってなったら、
超不機嫌でいるし。
怒るし。
ガンガン言うし。
帰ったりもする。

なんだけど今度、
ガッチガチの現場だったら、
バカなことやるね。
ピエロになる。

【ピエロ】一道化師、道化。滑稽さやユーモアを交えて他人を楽しませる人。しかし『IT イット』など、ホラー映画に登場すると滅茶苦茶怖い。アメリカ人が一番怖がる対象。

いい温度のとこにするっていうか。
熱すぎても、冷たすぎても、風呂気持ちよくないじゃん。
一番いいとこで風呂入っとかないと。
風呂の温度までコントロールできるようになるはずなんだよ。
どんどん歳がいけば。

本物の役者が
カメラに映ってないとこでやってることの差は
本当にでかいと思うよ。

それやるのは主演とか、
割とその作品のセンターとかにいる奴が、
その作品の空気をずーっとキープするべきで。
だから座長って大変だって言われるんだと思うよ。
作品の顔って意味だけじゃなくてね。

【カメラに映ってないとこ】一本番以外の全ての瞬間。「レストランでの態度」と同じように、「人間」が垣間見えることが多い。
【座長】一座頭。主に主演俳優や女優を指す。元は芝居・演芸等で一座を引きる長。例：吉本新喜劇の座長。余談：萩本欽一は
大将と呼ばれる。

EPISODE
#3

芝居／
役者／
俳優／
＃稽古

【「役者」と「俳優」の違い】―厳密な差は無い。一人一人の役者・俳優にそれぞれの定義があると言っても過言ではない。「役を自分のキャラクターに合わせてつくっていくのが俳優で、自分を役のキャラクターに合わせてつくっていくのが役者」by西田敏行

俺が最初に所属した事務所は、
ガッツリ芝居を叩き込むとこでさ。
あれは効いたなー、
役者としての原風景に与えた影響は大っきかった。

事務所の人が用意してくれた女優さんとのレッスン。

一年間くらい基礎からみっちりのマンツーマンレッスン。
その人が本当に良かったんだと思う。
合ってた。

夜の公園で、
若造が大声を出して何かを演じてる。
他人が見ていようが一切気にせず。

たぶんその公園では、
よく出没する変な2人みたいに見られてたと思う。(笑)

でもその稽古が、
それからの俺の道のりを乗り越えていくための
重要な作業だったんだと思うんだよね。

自分のスイッチの入れ方。
カチンコが鳴って、スイッチを入れたらブレない。

やりきるっていう。

それが今の自分にとっても大きな武器になってる。
ピュアだなぁ、俺。って。(笑)

【夜の公園】─芝居の稽古をする人もいれば、漫才の稽古をする人もいる、自由空間。エッチな自由もあるが、概ね犯罪行為である。
【ピュア】─この本の執筆時の窪塚洋介(2017.5)から見た、約17年前の自分に贈る言葉。海援隊の「贈る言葉」は実は、武田鉄矢が振られてできた失恋の歌。

役の名前で覚えてもらう。

それは、役者冥利に
尽きるってやつ。

信条として、
今、目の前にあるものを
一生懸命やる
っていうのがある。
100本作品を並べたら、
100本とも違う顔をして、
違った雰囲気で画面に登場して
いる役者でありたいんです。

【100本とも違う顔】―2018年1月現在、映画出演数34本（主演9本）、ドラマ出演番組数（特番含む）30本以上。舞台、CMを含めると100本越え。

CUT-IN QUESTION #3

上京時代に話を戻しますが、
HipHopにハマっていた
時期でもありましたよね？
どのへんから
ハマっていったのですか？

【HipHop】─ラップミュージックの総称とされることもあるが、本来ニューヨークはブロンクス、ストリートから発生した文化の総称であり、ライフスタイル。MC、DJ、ブレイクダンス、グラフティアートが四大要素。（MCとDJを「ラップ」とくくり、三大要素としていた時代もあった。）

一番はファッションだね。
すげー色んな格好してたの。十代の時。

エンジニアブーツ履いたり、
ビーサン履いたり、
スニーカー履いたり、
ラバーソール履いたり、
ローファー履いたり。
色んな格好してたんだ。
それって役者の練習みたいなとこもあって。
それは意図的じゃなくて、無意識なんだけど、
どんなタイプの服も着こなせるようになっときたい。
みたいな。

要は、
Bボーイ。
パンクス。
ロッカー。
サーファー、
普通のにいちゃん、
真面目な人、
とか。

そのバリエーションを、
自分の中で引き出しを作りたいみたいなものが、
靴によく表れてたのかもしれない。

で、その流れの中で、
HipHopがあるんだけど。
東京出てきてみたら、
ラップとかHipHopやってる人達ばっかり会って。

元々自分がファンだった
原宿のブランド「HECTIC」ってゆうブランドがあって、
そのHECTICのマガちんと、
たまたま19の時にクラブで知り合って。

そっから、
改めてネクストステージみたいなのが始まるってゆうか。
上京時代含めた、東京時代は＝だったね。

東京時代＝ストリート

【ラップ】—現在では（2018年）数年来ラップバトルはブームで身近だが、90年代当時は盛り上がってはいたものの、バトルなどは少なかった。
【HECTIC】—プロスケーター江川芳文と古着屋のバイヤー真柄尚武が1994年にオープンしたショップ。オリジナルも展開した。2012年終了。

そん時に色んなことを教えてもらったり何だりしてる中で、
昼間普通のオッチャンとかお兄ちゃんが、
夜になったら超カッコイイじゃんみたいな。
えっ? さっき一緒に酒飲んでたあのおっさんと同じ人!?
みたいな。(笑)

そんで、毎週必ずHARLEM行くみたいな感じになってって。
何曜日はHARLEM鉄板。
みたいな。

もはやHARLEMから現場行くぐらいな感じになってた。

その頃のヒップホップは、
なんかやっぱ、出てくる物が、
出てくるメッセージが尖っていて。
すごいぶっ刺さったというか。
しかも、二、三歩先で言われてる感じ。

要は遊び方もまだ知らない時に、

そんな音楽グワーって喰らってるから、

「夜の世界」

「東京」

「ストリート」

「不良」

「ルール」

なんかそうゆうのが一緒くたに自分の中に流れ込んできて。

でも、絶対爆発しなかったってゆうか、

「もう無理！」ってなんなかったってゆうか、

もう、いっくらでも入れれるっていう感じに。

上京時代のストリートとの出会いはそんな感じかな。

【ストリート】―ストリートカルチャーと同義。HipHopも含まれる。「ストリート出身」は路上で育ったというわけではない。その
文化で育ったのである。

EPISODE #4

言葉／
リリック／
言霊／
#HipHop

【言霊】―言葉に宿るとされている霊的な力。「言ったことが現実になる」など。どんな言葉も口に出せば、世界になんらかの影響を与えるという考え。

19歳の時にはリリックを書いていた。

【リリック】—歌詞。「作者の感情を表現した詩」である「叙情詩」という意味もある。「リリカル」は叙情的。リリカルの使用例:「魔法少女リリカルなのは」

俺は言葉に対してとても敏感で、
言葉に対して特別なアンテナをもってここまできたという、
自負があって。

で、ラップ。
言葉を扱うのかと。
ブレイクビーツってゆう音楽に乗せて。
"言葉"を使うのか。
ってなって。

しかも、
言霊っていうか。
韻踏んでて、
めちゃ面白いし、イケてんなって。
哲学超出てきてカッケーってなって。
やっぱ生き方みたいな音楽だったから、
そこでスゲー喰らってたんだけど。

でも、俺にも絶対できる。
俺の方がこの人達より絶対言葉使える。
みたいな変な自信があって。
で、始めるに至るんだけど。

【「ラップ」大事なことは2回言う】―様々にサンプリングされたドラムフレーズ（ブレイクビーツ）に、押韻などを使ったリズミカルな言葉を乗せて歌う。

でも今思うと、本当に難しいと思う。
リリックって。
永久に考えるべき事だし、
永久に答えの出ない、正解のないこと、
の一つだなって思う。

えー!
ここで「おはようございます」入れてきちゃってヤベー!
みたいな、
そーゆー微妙な組み方。

それ、自分の中の問題だよ。
人はこれがいいって言ったり、
あれがいいって言ったりするから、
どーでもいいんだけど。
自分の中で、突き詰めていこうと思うと、
これを前に置く？後ろに置く？も永久に答えは出ないから。
そーゆー意味で面白い。

【「リリック」だから2回言う】―言葉そのものはもちろん、その順番で意味も違えば音も違う。正解は無いからこそ、自由だし、
生き様を込めることもできる。

1番大事にしたいのは、やっぱ、
自分がどうゆう風に生きたいか。
で、その次に、
自分がその件について、言いたいか、言いたくないか。

ってゆうのは、
俺がこうゆう風に生きてく為に、言った方がいいことは言うけど、
こうゆう風に生きてく為に、言わない方がいいことは言わない。
ってことはできる。

言葉ってやっぱ、凄いものだと思うから。
それこそ聖書の始めに、
「始めに言葉ありき」
って言葉があるくらいだから。

何それ？ってぐらいな、
「えっ!? 言葉が最初なの？」
みたいな。
全部イメージなの!?
みたいなさ。

って思うと、
今、若いヤツと話しててよく思うんだけどさ、
語彙がめちゃくちゃ少ないのね。
ボキャブラリーが。
で、言葉って「力」だなってホント思って。

例えば、
"希望"って言葉を知らない奴は、希望が無いわけじゃん。
なんか、"ヤル気"はある。
"元気"ある。
あっ！ それを"希望"って言うのね！
俺、希望めっちゃあるわ!!
ってなるけど、
"希望"を知らなかったら、
「何？希望って」ってなるよね。

【初めに言葉ありき】―新約聖書中の「ヨハネの福音書」の冒頭にある記述。旧約聖書の冒頭の記述は、「初めに、神は天地を創造された」である。
【語彙】―ボキャブラリーと同義。日本語の語彙、という使い方ならその単語全体。特定の領域内で使われる単語全体という意味もある。ボキャブラ。

だから、
なるったけたくさん言葉知ってたいって思ったし。
俺は十代の頃には、
言葉は武器だし、パワーだってのはすごい思ってた。

って思うと、今からだって、
より前向きな、
より力の出る、
より美しい、
より豊かな言葉をいっぱい知っていたいと思う。

使い古されてる言葉だけど、
"わたし"
"わたくし"
"俺"
"僕"…
自分を表す言葉だけでも、
日本には
こんなにたくさんある。

例えば、
椿が散る時は"落ちる"
牡丹は"崩れる"
桜は"散る"
梅は"こぼれる"
菊は"舞う"

とかね。
そんなにきれいな言葉が用意されてるの？ って。
どうせあるんなら、
知らないと損だし。

何の役に立つかは知らないけど。
言葉はパワーだから。

って思うと、新しい言葉、
2ちゃんとかで出てくる言葉ですら含めて、
言葉には敏感でいたいなと思う。

だから聞いたりするよ。
「これ何？」とか。
「マジ卍てどう使うの？」とか。
語源は卍LINEなの？とか。(笑)

【2ちゃん】―2ちゃんねる・2chとも表記された、日本最大の電子掲示板。えげつない量の情報が交錯している。2017.10より「5ちゃんねる」に。
【マジ卍】―お寺の地図表記であり、ヒンズー教・仏教でめでたい印とされてきた「卍」。他に太陽や時など深遠な意味を持つが、女子高生による「マジ」を強めるという使い方で謎に流行。

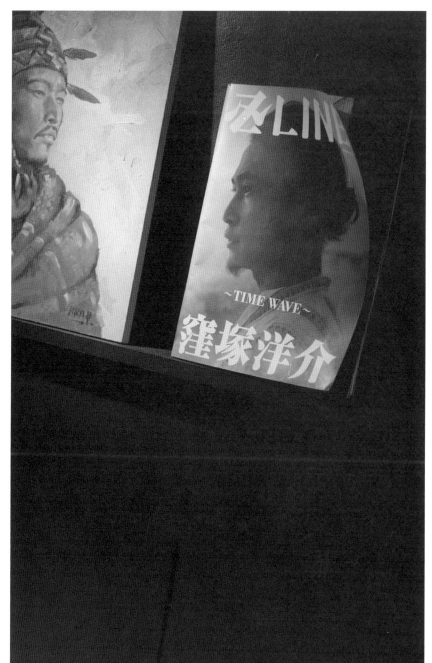

昔から言葉は好きで、
本だったり詩だったり、
もしくは雑誌の宣伝文句や
駅の看板とか、
日常で目にする言葉から
たくさん力をもらってきた
人間なので、
言葉に対する想いは
すごくあるんです。
何度も言うけど、
言葉は力だと思うし、
世界だと思うので。

君にも、社会にも、
深呼吸させる。
立ち止まり
振り返らせ、
熟考させる。

【熟考】一念を入れてよく考えること。自らの考えが熟すまでよくよく思いをめぐらせるのだが、熟し過ぎて腐るとどうでもよくなってしまうので注意が必要。

そして、
一歩前に進ませる。

基本的にはシンプルな言葉が好きで、
でもシンプルだけじゃ楽しくないから、
シンプルって呼べる
ギリギリの言葉を使ってる気がする。
なんかバランスをとってるのかも
しれないですね。

歳を重ねるほどに
大きく深くなってゆく
この想いを、
歳を重ねるほどに
集まった言の葉で
歌にする。

【言の葉】一元来、言葉とは「言（こと）」と「端（は）」が語源と考えられている。「言」は「事」でもあり、「言（葉）」を発するとそのまま「事」が起こるという発想があった。（言霊！）そしてその「言」のみ（事が起こらない、物言いのみ）を表すのに、「先端」の意味を持つ「端」をつけて「言の端」となった。そして古くは万葉集などで、その「言の端」と同音の「言の葉」に言い換えることで、「はかなさ」や「移ろい」などを表現したことがきっかけで浸透していった。

EPISODE
#5

芝居／

役者／

俳優／

＃阿吽

【阿吽】―「あうん」と読む。「あ、うん」という返事ではない。実はサンスクリット語で、仏教用語。宇宙の始まりと終わり、という壮大な意味合いもある。アルファからオメガ。

年々、言い方悪いけど、
現場のクオリティは下がってる気がする。
もしくは俺がそうゆう作品としか巡り会えてない。

別に昭和の映画界のようになってくれというわけではないけど、
何で役者がチヤホヤされんのか、
何で役者が皆に気を回すのか、
ってゆう関係性がハッキリ分かっていた昔の時代ってのは、
とてもプロフェッショナルで、
皆すごい気持ちよかったと思う。

今は、
「役者はなんとなく偉い。
らしいから、なんとなく、良いように対応するように」

みたいな感じじゃん。
そんなレベルだと思うんだよ。
よっぽどの人が来たら別だと思うけど。

でも、当時。
昭和の時代にあったのは、
役者が、どういう想いでこの映画に賭けてる、

どれぐらいの身を削る、

だから偉いってゆう話じゃないよ。

で、その分違うところで身を削る裏の人がいる。
でも裏の人達は映らない。

顔が映って具合が良さそう、具合が悪そう、が出るのは役者。
だから、役者を立てるんだよ。
気を回して。
自分らの顔になる奴らだから。

で、役者は
「ありがとう、こんなに気を回してくれて」
って言って、みんなに気を遣うんだよ。
偉そうにしてても、裏方を立ててる。

でも、今はパターンみたいになっちゃってる。
本当に偉そうな奴と、
へこへこしてる奴がいるだけになってるってゆうかさ。

そこにあったはずの本当の人間関係、

【裏方】一元々は劇場用語。劇場の「引幕」を境に「お客側」を「表方」と言い、その「裏」。見えないところで舞台を支える人たち。
転じて「スタッフゥー!」

なんでそうなったかの理由が抜けてるの。
それは真心とも言えるのかも。

お互いをリスペクトし合える現場ってゆうかさ、
それはやっぱり気持ちが良い。

何を俺らは作ろうとしているのか?
そん時にそれがちゃんと分かっていれば、
毎日毎日毎日毎日、
何十日もムカつく奴と顔合わせてても、
大したことじゃないんだよ。

その作品、良くする為にやってんだもん。

そいつの為じゃないじゃん。

「こいつムカつくわー。
なんでこいつの為に毎日コーヒー淹れなきゃいけねーんだよ」
ってゆうマインドだったら、出せなくなってくるよ。
でも、「こいつが、やってくれるんだから。
これで良い作品できるんだから。」
って思ったら笑顔で出せるよ。スタバを超えるコーヒー。(笑)

【リスペクト】―「尊敬し、敬意を表す」の意。比較級は「マジリスペクト」、最上級は「マジ卍リスペクト」。「オマージュ」(仏語)と同義に使われることも。

77

そこのマインド、
本当の意味ってゆうのが薄れてきてる気がする。

「仕事なんで」とか、
「言われたから」とか、
じゃなくて、

「人生かけて楽しもうぜ!」みたいな、
「全開でアイデア出し合おうぜ!」とか、
そうしないと現れない
相乗効果しまくりたい。

もろ協調性いるし、
もろ忍耐力いるし、
役者は待つのが仕事とか冗談で言われるんだけど、
「待つ」って作業が意外にさ、積み重なってくると、
「早くやりてーな、この芝居」
とか、帰りたいとかじゃないよ。
この気持ちを"今"出したいなってゆうのを、
取っとかないとならないじゃん。
そーゆーのの忍耐力ってのは、すげーある。

【マインド】一心。精神。意識。気の持ちようで変わる事が多い。ムカつくこともマインドのさじ加減。「ドンマイ」と「Don't mind」とは実は意味が違う。

監督とかスタッフが、よくよく分かってると、
ものすごいセンシティブなシーンを撮る時は静かにするんだよ。
勝手に。

なんでかってゆうと、
その後に起こることがわかっているから。

頭回してない奴は、
そうゆう場面のカメラ前でしゃべっちゃって怒られる。
「お前さ、次何撮るかわかってんの?」
つって。
何も考えてねーだろ?
何も感じてねーだろ?
て。

阿吽感ってゆうのが気持ちいいよね。
プロの阿吽の。

風呂上がってタオル投げてくれる。
みたいな感覚。

【阿吽】──「始まりと終わり」から、「対となるもの」を表す意味もある。転じて、「呼吸が合うように行動するさま」が「阿吽の呼吸」。
プロ同士の阿吽は凄い。

それがみんなに起こるべき現場だから。
撮影は。

より高みへ。
より高みへ。
ってゆう風に。
なりたいってなると、
本当に良い現場は、「このシーン撮るんだから」
って時は誰が言うでもなく勝手に相応しい空気になって、
現場が一心同体になってんだよね。

で、いいモノ撮りましょうってなってて。

そんぐらい研ぎ澄まされてきたら
言葉無くても会話出来ちゃうから。

あっ。今ここで芝居終わったけどカットかけないな。
もっと観たいんだな。
しかも、始まる前の　監督との会話こんなんだったとか。
現場にあった雰囲気こんなんだったとか。
ってことは、こういうの観たがってんのかなとか。

【言葉なくても会話出来ちゃう】─テレパシーではないが、ほぼテレパシー。プロ同士の間ではよくあるが、長年連れ添った夫婦間、仲間内でも発生する。

それは無言で行われている打ち合わせになっていて。

役者と役者が目を合わせた時に分かることもあるね、

舞台とかだと特にそうだけど。

阿吽の呼吸で、そうきたね。
とか、
あれやっちゃう?
とかを、
目で会話できる人が、
一緒に高みにいける人が、
いるのね。稀に。

【役者と役者が目を合わせた時】―恋に落ちることもある。

昔聞いたことあるな、

人が喋ってる映像の

音声を切ってみても

ヴァイブスが変わらなかったら、

その人は本当のこと

言ってるって。

【ヴァイブス】―「ノリ」であり「元気」であり「フィーリング」でもある、便利な言葉。シリアスな場面でも、パリピとのコミュニケーションにも使用可能。シリアスに言うと「言葉に頼らずとも伝わる気持ち」。転じて、「嘘のない（つけない）本音や本心、信念」とも言える。上記では「映像から伝わってくるもの」。

音声を切って、

映像のヴァイブスが変わるなら

その人が喋ってる内容は、

ウソだって。

CUT-IN
QUESTION
#4

「GTO(1998)の連続ドラマ出演をきっかけに、IWGP(2000)、さらには初主演映画GO(2001)を始めとして、Laundry(2002)、ピンポン(2002)、凶気の桜(2002)と、主演が続いた時期から一転、芸能界から離れていくようなりますが、そのきっかけはあるのでしょうか？」

『GO』(原作:金城一紀・監督:行定勲・脚本:宮藤官九郎)『Laundry』(監督・原著・脚本:森淳一)『ピンポン』(原作:松本大洋・監督:曽利文彦・脚本:宮藤官九郎)『凶気の桜』(原作:ヒキタクニオ・監督:園田賢次)】─全て名作。『ピンポン』の名台詞「この星の一等賞になりたいの、卓球で俺はっ！」は伝説。

あるTVドラマの撮影してる時に、
監督がモニターの前で競馬新聞を読んでた。
それはTV（ドラマ）業界を去る結構なトリガーになってる。

「なんだこいつ」って、
そのまんま後ろから頭引っ叩いて、
その場で辞めてやろうかなって思うぐらい。
新人だったけど。（笑）

でも局の社員だから。
ああゆうディレクターってクビにならないんだよ。
数字が悪くても。
サラリーマンだから、
また次のドラマ（仕事）が待ってるんだよ。

そうゆう奴らと一緒に仕事していた時に、
スポーツ新聞読みながら
モニターチェックとかしてるのを見た時に、
ここは俺がいる場所じゃねーやって思った。
辞めようって思った。

EPISODE
#6

芸能界／ドラマ／#テレビに中指

色々重なっちゃったんだよね。
ブラックミュージック聴きだしたタイミングと、
さっき言ってた自問自答とそれまでの自分の歴史と、
現実の芸能界、
ぜんぶが、シンクロしちゃって。

メッセージが肚に落ちちゃったんだよね。
リアルじゃねーじゃんって。
フェイクな物を作ってるんだからリアルにやろーぜって。
フェイクがフェイクやってどーすんだよって。

でも、世の中リアルリアルの大合唱。
リアルじゃなかったら意味ねーぜみたいな。
で、俺がやってることリアルじゃねーよなーって。
作り物だよなーって。
ってゆう自問自答してる時だったから。

今となってはね、
「いや、だからおもしれぇんじゃん」ってなってんだけど。
作り物だからできることがあんじゃんって。
作り物をそうじゃないように見せようぜって。
それリアルなだけじゃ届かないとこまで届いて、
楽しいじゃんってなってんだけど。

【ブラックミュージック】─アメリカの黒人発祥の音楽の総称。HipHop ミュージックだけでなく、R&B、ソウル、ゴスペル、ジャズ、
ブルースなど様々。

87

当時はちょっと疑問をもっていて。
ダッセー奴ばっかだなって思ってたし。
特に同世代の芸能人に。

だから芸能人が集まるようなクラブは行かなかった。
お前なんか、今カメラ前でカッコつけてなんかやってってけど、
お前よりカッコイイ奴100人以上言えるぞ。今この場で。
みたいな。
20代前半はそんな気分だった。

しなやかに、豊かに。
あるがまま。

【あるがまま】—「あるがまま」と「わがまま」は違う。受け取られ方にもよるが、「わがまま」と言われても尚「あるがまま」を貫くことも必要な時がある。

その役の本質や、作品の持つメッセージの本質を理解せず、
もしくは理解しようともせず、
事務所が選んだ
ベルトコンベアーから流れてくる仕事を、
自分が選んだみたいな顔してやっつけながら、
取材でここぞとばかりに
役者然としたことだけノウノウとくっちゃべって、
上っ面な表現者を演じ続ける役者には虫酸が走るよ。

特に実在の人物を演じる時には敬意を払うべきだと思う。
その本質、思いに。

この時代に伝えるべき本当に大切なことを誤魔化して、
もしくわ理解しなかったら、てめぇの身の保身、
あわよくばてめぇの評判の為や
生活の為のパフォーマンスでしかないじゃん。
ダセぇなあて。

事務所の力にせよ、圧力にせよ、
真実から俺らの目を背ける
バビロンの片棒を担いでるわけだからね。

コピーもポーズも、もういらないよ。

【バビロン】一元々は古代の都市名。この社会を裏から動かす権力を持つ集合体（警察や政府など）、またそのシステム、思想を意味する。

いい歳こいて中堅にもなって、
誰かのモノマネしか出来ないでいる
同世代の役者モドキやアーティストには
もっと虫酸が走るけど、まぁ現場で会うこともないだろうし
どうでもいいか。(笑)

それはモノマネっていうか、泥棒っていうか、
見てくれを誰かに寄せるフェイク野郎ってだけの
問題じゃなくて、嘘の上塗りみたいな人生を続ける
そいつらの魂が可愛そうっていう、
憐れみにも似たような軽蔑かもね。

なんでこんなに反応してるのかなあ?て思うとね、
こいつらのスタイルで油断したら俺の中にも湧いてくるし、
すでに街中というか、
文化文明がこういうスタイルに毒されてるんだよね、
俺らの体に悪いモノ、精神に悪いモノが、
さも素敵なモノやイケてるモノとしてCMされて流通してる。

かつてそれらと命をかけて戦ってた人まで、悪魔とその手先に
焼き直されて片棒担ぐ踏み台にされてる。

【モノマネ】―モノマネ芸ではなく、誰かのオリジナルのスタイルを上っ面で汲み取って模倣すること。窪塚は今も一般人だけで
なく多くの芸能人から模倣されている。

まぁ役者はあくまでも駒であってアーティストではないから、
そんな高尚な思いなんていらないのかもしれないけど、
俺は思わずにはいられないからこういう場所で
言ってしまうんだろうな。

そんでまず工作員みたいなキーボードウォリアーに
キャンキャン言われて、足引っ張られて、
シーンでは影で疎まれて嫌われてるんだね。（笑）

常識とか、植えつけられたある一定の価値観の中でしか
生きられない、自分の心の声が聞こえない人には、
その程度の価値しかないと思ってる。俺にとってね。

【キーボードウォリアー】一名前や顔を晒すこともなく匿名性に守られたままネット上のみで戦う戦士達。肉弾戦をすることも向かい合うこともなく、一方的にアラを探して叩く。

「馬鹿を利口に、利口を馬鹿に」

というコンセプトの元、
デビューから一貫して、
大衆の為の現実逃避としての存在ではなく、
共に現実に挑む為の存在を目指す。

"こうでなければならない"
ではなく、
"こうしたい"。
皆がそうあれるように
先導、否、
扇動！！

【利口を馬鹿に】─利口であることは（知っていること・考え続けること）は必要だが、時にタガを外して馬鹿（ピュア）になることも大切。

話変わるけど、
三代目魚武濱田成夫は
小学校の頃から読んでる。
で、あの人の言葉の強さだったり、哲学に、
引っ張られてここにいるってのもあるから、
それも影響してる。

ドラマやらなくなったこともね。

テレビ業界に中指ってなったのも、
魚武の兄貴の言葉の影響もあるし、
ブルーハーツの影響もあるし、
トドメ刺したのが、
ストリートカルチャーってゆう。

同じこと言ってるように感じたんだよ。

自問自答した結果、心が答えを出したって感じだった。

簡単に通じる世界じゃなくて、
一筋縄で通じない世界の拘り持って生きてる、
カッコイイ先輩達と、
笑顔でヤーマンしたいって思ったんだよ。
素直に乾杯したいって思った。

【三代目魚武濱田成夫】―「自分を讃える詩しか詠わない」詩人。芸術家、ミュージシャン、俳優とその活躍は幅広い。「漢」である。
【ヤーマン】―ジャマイカのパトワ語。「調子はどう?」といった意味の挨拶に使われる言葉。「ワッツアップ?」に近い。「YES」という肯定の意味もある。反対語はノーマン。

要は、この人達をワカらせたいって思ったんだよ。

損得感情抜きで、
俺なんて後輩でその辺にフラフラしてる芸能界のガキじゃん。
そんな俺の言葉を、聞いてほしいって思ったし、
この人達と対等に付き合えるようになりたいって思った。
だって、
「芸能人なんて、どーでもいーんだよ。バーカ」
とか言ってマリファナ吸ってるような人達に
興味持たせるってゆうかさ、
「ハイ、全部ダサイ。以上。」
みたいなさ、
そーゆー人達にさ、
なんかこう、解らしてーってすげー思った。

まぁ今でも思ってるけど。

とにかく、
芸能人を鼻で笑ってたような人達もさ、

【マリファナ】―大麻。スラングを含めると「ウィード」「グラス」「ハーブ」「草」などの呼ばれ方がある。日本では大麻取締法により、許可のない所持・輸入は禁止されているが、使用は規制外。覚せい剤や麻薬とは別の扱いとなる。世界には合法の国もたくさんあり、医療大麻として様々な治療効果も実証されている他、エネルギーや繊維などにもなる。日本とはとても深い因縁のある植物。

ちゃんと膝を向けて話してくれるようになったってゆうかさ。

当時から比べればね。

その人の名前言ったって、

一般的にはみんな知らないようなアーティストなんだけどさ。

俺からすると何か、

この人がこうゆう風に、

俺と接してくれるんだ、とかさ。

その嬉しさ糧にして登ってゆくってゆうか。

大ゲサに聞こえるかもだけど。

年季と覚悟と志。

映画は役者サイドの自分にとっては、
大切なアウトプットの場。やっぱり

テレビと違って
垂れ流しじゃないっていうか、

映画は自分で選んで観るものでしょ。
お客さんが観ようと思って
足を運んでくれるからには、
自分も燃やさなきゃって。

【垂れ流し】一様々なものを貯蔵、処理することなく放出すること。悲しい生理現象も指すが、曖昧な価値観や情報が延々流れ
続けるTV番組も同じ。

**CUT-IN
QUESTION
#5**

テレビ業界に
中指を立てている時、
自分自身の売れ方、は
どう感じていましたか？

そこ、
よく会話が噛み合わなくなるんだよね。

俺が自分で、
そうゆう風に認識してないんだよね。
自分の当時の時間を。
「売れてる」みたいには。

俺が当時、その辿り着いてた場所で、
分かんないけど、
史上最年少でアカデミー賞取って、
結婚する、みたいな時ね。

みんなが俺を見てたイメージと、
俺が俺を見てたイメージの、
すごい温度差があるの。

実は。

【史上最年少でアカデミー賞】―2001年、映画『GO』に出演。同年、日本アカデミー賞新人俳優賞と最優秀主演男優賞を史上最年少で受賞。
【結婚】―「ウェディングケーキはこの世で一番危険な食べ物である」と、アメリカの諺では言われているが、その真偽は人それぞれ。

振り返ると確かに、
「Laundry」きて、
「ピンポン」きて、
あっ。
映画、
続いてる。
あっ。
売れてたんだ、俺。
ってなってんだけど。

多分、見てたところがもっと別次元だったと思う。
そんな早く来る所じゃなかったはず。
社会的にって意味じゃなくて。
だから、未だに思ってない。
テッペンに届いたとか、
そうゆうの。

まあ、社会的に、
現実として、
そうゆう場所にいたよって言われりゃ、
「そうなんだ」
って思うけど。

【テッペン】一頂上。テレビ番組に置いて芸能界のテッペンとして扱われている芸能人は数名いるが、必ずしも視聴者から支持
されているわけではない。業界用語で「夜中0時」の意味もある。例：テッペン越えちゃいました。

体感としては、さっきも言ったけど、
「俺、全盛期こっからだからさ」て感じなんだよね。

だから、
「全盛期過ぎた」
みたいな言われ方をするから、
多分余計にしっくりこないんだと思う。
常に今が最前線で、当時も同じこと言ってたと思うんだけど。

今が一番。
今が最前線。

だから、
落ち着いて考えてみれば、
「主演がいっぱいきてたから、、、
売れてたんだ」
確かに。
みたいなことになるんだけど。

当時俺はそうゆう風に感じてないんだよね。

【最前線】―≠全盛期。移りゆくものに価値を求めるのでは無く、「今」できること、していることに一番前でワクワクしながら向き合うこと、その場所。

ただ、ある意味浮かれてはいたよね。

やっべー東京。
やっべー人生。
やっべーMY LIFE!
みたいな。(笑)

なんて楽しい世界なんだろうって意味で浮かれてたと思う。

自分自身に酔うってよりは、
取り巻く世界に酔ってたと思う。

その世界が俺の一挙手一投足に
反応してくれるってことにも。

【東京】―いろんな意味でヤバい場所。バビロンでもあり、ザイオンでもある。(ザイオン：天国・神の国・約束の地・安息の地)

EPISODE #7

自由／ルール／#最低限の敬意

【敬意】―尊敬する気持ち。敬う気持ち。敬意があるから礼儀がある。人として大切なこと。詳しくはキン肉マン127話「敬意なき者!!」(集英社)にて。

なんか、
ノープレッシャーの、無責任な、
「毎日楽しい」以上。みたいな。

「最高」って思ってた。

でも何かさ、
何の足枷も無いってゆうのってさ、
実はスゴく怖いってゆうかさ、
難しいってゆうか。

ある一個、
なんでもいいからルールをポンって貰った方が、
自由は感じやすいよね。

本当の自由な場所に置かれると、
自由を感じないってゆうかさ。

余りにも自由過ぎちゃうと、当たり前なわけじゃん。

【ルール】一規則。誰かが決めることもあれば自分が決める「マイルール」もある。マイルールは、ルールという名の自由であり、
自己責任でもある。

何処に行こうがいい。
誰と寝ようがいい。
何買おうがいい。

そこまでに自分以外の人が作ってきた、
あるルールだったりとかが無い中で、
例えば、
「はい、金」
とかって渡されたとして、
どうゆう行動するんだろね？
人ってね。

なんつーか、
自由に憧れてる段階が好きなんだろうね。

不自由は嫌いなくせにさ。

いざ自由になると何していいか分からないってゆうかさ。

【誰と寝ようがいい】―セックス依存症と思われるケースも。複数の同・異性を同時に愛する「ポリアモリー」という思想もある。
叶姉妹の姉は実践中。

"一流は
己の不安とワルツを踊る"

三代目魚武濱田成夫

うん。

捩じ伏せるみたいなものの先にあるね。

ワルツは。

泳がす、遊ばせてやる、みたいな。

でも、そうゆう風になってこれたかな。ってやっと思う。

認めてやるというか。

自分も、その自分の弱さも。

そこからしか始まらない。

【一流は 己の不安と ワルツを踊る】─出典『俺様は約束してない事を"守ったりする』三代目魚武濱田成夫 第七詩集 (2000／角川文庫)

でも
本当に不安で仕方がなくて
寝れなくなるような事は無いし、
当時も余り無かったかな。

俺は、ホント楽観的だから。
昔っから。
「まあ、どうにかなんべ」
みたいな。
死ななきゃいい。とか。
ま、死にかけたけど。(笑)

それでも思ってること変わんないから。
これ、一生変わんねーなって。

あ。『TERRY THE AKI 06』
ってゆう大阪のラッパーとの出会いも、大きいな。

それで言うと、
『K DUB SHINE』
も大きいな。
ラッパーつながりで言うと。

影響を受けた。
その人の、人と成り。
ストリートカルチャーから受けた影響と、ほぼイコールだけど、
でも特殊だった。

みんなと違うってゆうか。
こうやって生きていいんだなって、
タフさってゆうか。

【TERRY THE AKI 06】―大阪出身のMC。セレクター（DJ）でもあった。1999年よりラップ活動を開始。2007年急逝。
420RECORDZのリーダーでもあり、現在でも根強いファンは多い。
【K DUB SHINE】―Kダブシャイン。伝説的ヒップホップグループ、キングギドラ（Zeebra・DJ OASIS）のリーダーだった。現在は
タレントとしても活動。

あっ、出演予定のラジオ生放送中にまだ家に居ていーんだ。
みたいな、ダメだけど。(笑)
で、電話かかってきちゃったりして、
「もう出てんだけどー」
とか、
あっ、嘘ついた！
みたいな。(笑)
蕎麦屋じゃないんだからって。(笑)

まあ、嘘ついてばっかいたら、自分に返ってくるけど、
色々学んだってゆうか。
時代のせいにしても、
他人のせいにしてもしょうがない。
自分が自分じゃねーと生きていけねーみたいな。

それでこその、自由。

でも、とにかく、みんなに大きくしてもらったな。

【蕎麦屋じゃないんだから】─出前を忘れていても「もう出てますよー」とサラッと言ってからダッシュで作りダッシュで運ぶような、ごく一部の蕎麦屋。

基本、どんな人でも、敬意を持って会うね。

知らないレストランでの行動が本質だって話したけど、
そうゆうトコで人が見られるんだったら、
人として一流でいたいんだったら、
そうゆうとこでもちゃんと振る舞いたいな、みたいなさ。

バレてないからいい、みたいな感覚にならないってゆうかさ。

こないだ品川泊まってた時に、
同じビルの惣菜屋みたいなとこ買い行って、
サラダ100gと、茄子のなんとか100gと、
ピザちょうだいって頼んだら、
女の子2人がレジの中に居るんだけど。
キャッキャキャッキャしててさ。
で、こいつら聞いてんのかな?
ってなって。

結局フタ開けてみたら、
500gのサラダと、茄子のやつと、
ピザと、ってなりそうになってたから。

【品川】一駅。年末年始やお盆の時期の新幹線では、「東京駅よりも品川駅でお降りください!東京駅はカオスです!」という旨の乗車案内があることも。

「いや、お姉さん。

俺、100gって言ったんだけど。そんな1人で食べられないよ」

って言って。

「ああ、すいません」

って感じなんだけど、目も見ないんだ。で、

「宛名は"上"で領収書貰って良いですか?」

って言ったら、

カタカナで"ウエ"って書いてんの。

それで渡してきたから、

「あのね、ウエって、漢字で"上"って書くの知らないの?」

って言ったら、また心無い感じで

「すいません」

って言ったから、

イラッてなって。

「おい、上の奴呼べよ。

お前じゃ話になんねーから上の奴呼べ」

ってなって。

「こいつらね、楽しく仕事をするのと、

テキトーに仕事をすんのの違いわかってないよ。

違うんじゃないですか? こいつら客に対してフザケてるからさ」

ってちらっとそいつの顔見たら、

ちょっと不満そうな顔してんの。

【領収書の宛名】一誤解が生まれやすい箇所。「宛名無しで」が「あてななし様」、「前株で」が「まえかぶ○○様」等。別例で「品代」が「CD代」等もある。

113

奥とか総勢8人ぐらいいるんだけど、
変な客来たみたいになってるから、
ここはキッチリ言おうと思って。
全員に聞こえるぐらいの声で。
「お前らさ、フザケて仕事すんのと、
楽しく仕事すんのは違うんだよ!!
しっかり仕事しろ!ボケ!!」
って言って。(笑)

結構そうゆうのは言っちゃう。
未だに。
ってゆうか、言うようになった。
昔は言ってないけど。
場合によっては、そうゆうのは言うべきなんだってなって。
だんだん言うようになった。

【変な客】―お客は神様だと思っている悪質クレーマー。クレームの原語は正当な権利主張という意味合いが強いので、本来は
complaintの方が適当。
【フザケて仕事】―冗談を言ったり、おどけたりすること。人を馬鹿にしたような振る舞いという意味も。職場のフザケ写真拡散で
炎上騒ぎになることも。

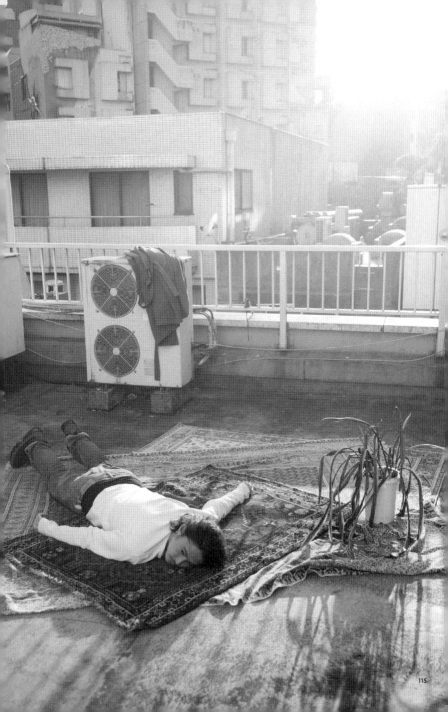

115.

SNSで本名も顔も晒さない奴や、

鍵かけたアカウントの奴に

disられても、

蚊に刺されるというより、

蚊を見ているに

等しいですね。(笑)

そんなマインドで

生きてるといいことねぇぞと

心配にすらなります。

気分は18ですが、

「○○に似てますね」と若い俳優？

の名前が出ると

「…わかんないけど、ありがとう」

と答えたりしてて、

自分がオッサンになったのかもと思う。

そのまま

そのままで大丈夫。

そのままで完璧。

明日はもっと大丈夫
明日はもっと完璧。
そういう風に
「今」を生きること。

変化を恐れない。
変化することは自然なこと。
"自然"の姿。流儀。
自分が理解できないモノを排除したって、
在るものは在るよ。

それを「問いであり答え」にして、
前に進む為の力にした方が得だね。
ライフスタイルに取り入れなくても、
悪い手本にするにしても。

【自分が理解できないモノ】—拒絶の対象とする人は多い。多数決で多数派が少数派の意見を無視するのにも似ている。
【問いであり答え】—答えや結果だけを探すよりも、「問いつづける」こと、その過程そのものが既に答えとなっていることもある。
余談だが、ナウシカの「個であって全」という響きも意味も良い。

過ぎ去って今はもうない、
今までの自分の人生を正当化する為に
今、目の前にあるものを、
気づかぬフリなんてしてるのは、
もったいないよね。
今が未来になるんだから。

俺のこと、

メンヘラでもキチでも

厨二病でも後遺症でも、

何て呼んでくれてもいい。

【メンヘラ】―ネットスラング。2ちゃんねるの「メンタルヘルス（心の健康）板」に書き込む、心に病気を抱えた人がメンヘラーと
呼ばれたことに由来。
【キチ】―ピーーー（自主規制）。

けど、自分が気づかぬ為に

なんとかカテゴライズして、

影響受けないよーにして、

まだ旧世界に

しがみついてんなら、

いつか嫌が応にも

肚に落とされる時、来るよ。

わからされんぞ？って。

だってそれは気づかぬフリで、

本当は気づいてんだから。

次のお前らが狙ってる戦争さ、

そのまま
ポケモンGOでやってくんね？って思ってんだよね。

先に逝った、あんたのこと想って

この景色見てる。

EPISODE
#8

家族／

仲間／

＃結婚

幸せの絶頂だったり。

魂の修行の場だったり。

なんにせよ、

かけがえのない人生の時間。

その価値をどう値踏みして、

自分のパワーに出来るかって。

自分の暮らしてる中に、
負の物とか、気分の下がる物とか、
そうゆう考え方とか、
いらないなと思って。

それって癖でできるなってのを昔から気づいてたから。
例えば電車乗り遅れた時に、
「やべー、乗り遅れちゃった！」
って思うのか、
「これはもう乗り遅れるべきだったんだな」
って思うのか。

そーすっと怒らせる人もいるんだけど。(笑)
でも究極それでいいんじゃねーのかなーって。
その延長線上で取り返しのつかないようなことだって、
背負って行かなきゃならないわけだし。
それって自分を信じるとか、天を信じるとか、
そうゆう話になってくるのかもしれないけど、
"委ねれば委ねるほど、俺たちは力を出さなくても、
天が計らってくれる"ってゆうのは絶対あると思うのよ。
信じて。
信じ抜く。

【電車乗り遅れた時】—混雑した電車に乗り遅れた人が中にいる人をギュウギュウと物凄い力で押すこともある。あれは一種の
暴力行為であり日本独特の文化だろう。
【委ねれば委ねるほど】—一流に身を任せるということ。「ただ何もしない」のはただのニートである。あくまで根底に信念や愛
に伴った行動があった上での話。人事を尽くして天命を待つ。

それで自分の最初の子に
"愛流"って付けた。

「Have to」（〜しなければならない）
じゃなくて
「Want to」（〜したい）
で生きていたいじゃん。

子供できて、

東京時代が終わって、

横須賀に帰ってる。

23歳の時に戻ってる。

だから、

東京4年ぐらいしかいないんだな。

で、新婚生活。

新章の始まり。

前妻と今の妻と皆一緒に
海外旅行とか行くとさ、
税関みたいなところで、
ハイタッチされる時あるよ。

「Family!? Everybody!?」みたいな。(笑)

一夫多妻か?
イスラム教徒か? みたいな。(笑)

日本でも皆で旅行行ったりするんだけどさ、
なんでうがった見方をするんだろうね?

初めは子供の気持ちを考えて向かった
スタイルなんだけどね。
このメンバーの愛のカタチなんですけど、って。

【一夫多妻】一国により概念が違う。イスラームにおける一夫多妻制では、男性はその複数の妻其々の間に差異を設けることは許されない。
【愛のカタチ】一人に迷惑をかけたりしない限り、本来は自由なハズである。しかし日本ではやっきになって自分の理解しがたいものや羨ましいものを叩く風潮が根強い。

ネイティヴアメリカンの子育て

一、乳児はしっかり肌を離すな。

一、幼児は肌を離せ手を離すな。

一、少年は手を離せ目を離すな。

一、青年は目を離せ心を離すな。

【ネイティブアメリカン】―アメリカ合衆国の先住民族の総称。しかしながら先住民族の民族名はインディアンであり、その呼び方は議論が尽きない。

七代先まで見通す目で、
今を生きろ。

【七代先まで見通す目】—日本国内にも、土地や収穫物が育つ先を考える伝統は残っている。しかし環境や資源に関しては負の遺産が多い。

何かアクションを起こす度、
ホントに神さん、
家族や仲間やファン、
まだ見ぬ仲間に
支えられて在ることを気づく。
もっと言うとアンチにも。

不動の自分の価値観に
漲っていく元気☺✳

気づきの連続。
感謝して、味わう毎日。

【アンチ】―anti-「反対」「対抗」などを表す接頭語。ネットスラングでは、「ファン」や「信者」の対極の立場から特定の人物や団体、製品等を叩く人達。
【味わう毎日】―ぼうっとしていれば流れていくのも毎日。よく噛んで、噛めば噛むほど美味しくなるのも毎日。男のハートを掴むのはスルメ系女子。

一皮ムケて

男は

敵対心より

仲間意識の方が

強くなるのかもしれない。

"許す力"が強くなった。

【一皮ムケる】—困難を乗り越えたり、洗練されたりして成長したり容姿が良くなったりすること。「一つ上のオトコ」(by ○○クリニック)もムケている。

ズルムケたら愛しかない。

【ズルムケ】―無駄なものを全部剥いだ、ありのままの姿。ジャングルの王者ターちゃん（徳弘正也・集英社）の憧れの姿という説もある。

EPISODE
#9

やり直し／

転　機　／

＃　9　階

【9階】一日本のマンションの平均的な高さは1階分で3mと言われている。つまり25m〜30mの高さである。25mのプールを縦にしたイメージ。

あれが何か、
ターニングポイントだったってゆうか。
あっ、これもう信じ抜くしかねえな。って。
一機UPさせてくれてたんだったら、
信じ抜くべ。みたいな。

ホント運が良かったって思ってるけど。
それを無駄にしないようにするのは、
その価値を決めるのは、
その後の行動。
そう、
鼓動を、信じろ。

【一機UP】一任天堂のゲーム、「ファミコン」のシューティングゲームなどで、ある条件下の元で自機数が増えること。マリオでは「1UP（ワンナップ）」。

18歳の時のノートに、面白いこと書いていて。

「"俺は挫折したことがない"
ということに挫折する」

って書いてあって。

それが正に9階から落っこちて怪我した時の感じだなー。

「オマエ、
挫折通り越して、
骨折してんじゃねーか！」

って思ったんだけど。

【挫折】―挫折〈骨折、挫折〉骨折、状況によりけり。一般的に、骨折は治るが挫折した心はなかなか治らないことが多い。

あん時、

マンションの目の前のコンビニに行こうとしたんだけど、
エレベーターに乗って降りるというプロセスを
すっ飛ばしちゃったんだよね。多分。(笑)

落ちたんじゃなくて、思っきし跳んでたみたいよ。

真下に落ちてたら絶対に届かないとこにある
フェンスにひっかかってたから死ななかった。
助走つけて跳んでギリ届くぐらいのフェンス。

ベランダにもフェンスあるし、
どうやって助走つけたかわかんないけど。

まぁとにかく、全然覚えてない。

TV番組の企画で、ネイティブアメリカンの所に
2度目の訪問する日の朝、雨降ってて、
子どもがハイハイしてて、
ワカメのみそ汁飲んだのまでは覚えてる。
荷造りもしてあった。
目が覚めたら、3日経ってた。

【思いっきし跳んでた】一危険なので絶対に真似しないでください。ちなみに「見るまえに飛べ」という言葉は、W.H.オーデンという詩人の詩の一節。

145

陰陽

【陰陽】─中国の思想の一つ。森羅万象、宇宙のありとあらゆるものを「陰」と「陽」との二つに分ける考え方。「白い側」は「陽」の部分である。対立する性質ではあるが、あくまでその二つの調和を重んじることを大切にされている。有名な白黒の絵は「太極図」と呼ばれ、目玉のような部分は、「陰」にも「陽」にもその反対の性質があり、完全な「陰」や「陽」は無いという意味を持つ。

陰陽マークの白い側の、
白い側だけの最高に良い流れだった。
落っこったりした事で、
こっち側の黒い部分がブワーって出てきて。
でも、それで1個になった。みたいな。
あっ。なるほどなってバランスが取れたってゆうか。
地に足ついて夢を見るみたいな。
夢と現実をごっちゃ混ぜにする重心が見つかるってゆうか。
本当の自分の人生が始まった。
文字通り、飛び込んだんだね。
自分の本当の人生に。

はじめはあっけらかんとしてた。
「しょうがねえ。なっちゃったもんはなっちゃったんだから」
って考えてた。

で、色んな人がお見舞いに来てくれるなか、
「GO」の原作者の金城一紀さんも来てくれた。

「俺らの仕事ってさ、
世の中的にはなくなっても
誰も死ぬわけじゃないし、
誰も困らないじゃん。
だからこそ、
本気でやらないと通用しないんだよね。
頑張ろうぜ」

グッときた。

【金城一紀】一日本在住、在日韓国人の小説家、脚本家。著作に「レヴォリューション No.3」、「フライ、ダディ、フライ」、「SPEED」
など。TVドラマ脚本も数多く手がける。

皆、励ましてくれた。
それはそれでスゲー嬉しかったけど、
一人だけ、ある先輩からは怒られたんだ。

車イスを押してくれて、
外出て。

「自分が何したか、ちゃんと考えろ」って。

それまでは正直、
「しょうがない」と開き直ってる部分あったから、
ちゃんと振り返ってなかったんだよね。

それで病室で、初めてちゃんと振り返ったら、
ものすごく怖くなってさ。

寝ちゃったら、夢で落ちた瞬間のこと思い出して
"思い出し死に"するんじゃないかってマジで怖かった。

だからもう寝れなくて。
そしたらそれまで薬が効いていて痛くなかった両足が
急に痛み出してね。

【思い出し死に】―PTSD、トラウマに近い。再体験やフラッシュバックが起こったり、過覚醒（入眠困難、パニックなどに繋がる）が起きたりもする。

そこで初めて、
体の声を聞いたような気がしたんだよ。

「オマエはいいよな、覚えてなくて。
俺らこんなんなっちゃったんだけど」って。

体がさ、俺に、心に言ってる声が聞こえたんだよね。

体と、心と、
当たり前だけど、両方あるんだって、
体のこと無視してたって、痛感した。
その両方がやっと合わさって、
体に心が、魂が入った気がした。

だから俺、
「ゴメンなさい！スイマセンでした！
俺も頑張るから、一緒に頑張ってください！」って、
反省とともに、体に本気でお願いしたんだよね。

そしたら次の日から、
お医者さんも驚くほどのスピードで良くなって、
2ヶ月で退院したんだ。
再起不能とか言われてたのに。(笑)

【驚くほどのスピード】―「病は気から」という言葉は医学的にも検証されている。免疫機能が活発になる事例もあり、治癒力が上がることも考えられる。

挫折？
いや、ベストウェイ。

退院してから1年間、ほとんど家にいた。
地味〜な生活。
地味〜な復活。

【1年間、ほとんど家にいた】―再び映画のスクリーンにカムバックしたのは『鳶がクルリと』(2005/監督薗田賢次)、事故から1年と約4ヶ月後であった。

ずっと家にいて、
嫁とも毎日顔合わせてるもんだから、すぐ喧嘩。

一人の時はベランダで、
目の前の浦賀水道にゆっくり船が行き来するのを
ボーっと見てたりしてた。

その頃は、
俺のまわりからサーっといなくなる奴らもたくさんいた。
俳優／窪塚洋介の"イメージ"が好きで集まってた奴ら。

気持ちいいくらいにソッコーで消えていった。

仕事も金も無くて、
東京行くにも高速道路の料金をツケ払いしてた。
誓約書を書いてね。(笑)

ガソリン入れたら、
行った先ではもう何も
買えないほどの金欠時代。

それでも一緒に居てくれた家族、仲間、そして、

【浦賀水道】─三浦半島と房総半島に挟まれた海峡。太平洋から東京湾に繋がる部分でもある。往来する船の数は多く、世界有数の海上交通路。

「越えられない試練を神さんは与えない」
って言葉に支えられてた。

「俺にしか越えられないんだ、この壁」
って勇気を出してた。

そんときはミジメだったかもしれないけど、
何度も言うけど、

挫折とは思わなかった。
骨折だとは思ったけど。
何十ヶ所も折れてたから。
完全な骨折だった。

【越えられない試練を神さんは与えない】―新約聖書のコリント人への手紙第一第10章に記載がある、イエスの弟子パウロという人物の言葉の意訳。

本当にヤバい時にガイド入るみたいな、
そうゆう時あんじゃん。

危機一髪だけど助かる理由みたいなのは、
日頃の行いっていうよりも、
ちゃんと信じてるかみたいな。

自分の人生を。
天を。
ピンチは
チャンスなんだぜ、
マジで。

【危機一髪】一髪の毛一本ほどのわずかな差で危険に陥るかどうかが決まるような瀬戸際の瞬間。タッチの差で、黒ヒゲが飛び出すこともある。
【ピンチはチャンス】一諸説あるが、パナソニック株式会社の創業者、松下幸之助が残した「窮地は尊いチャンス」という言葉に由来するという説がある。「失敗は成功の母」という言葉もある。

事故も、ケガも、病気も、
地震も、戦争も、
ぜんぶ
魂が成長する為に
起こる出来事。

神さんは俺らに"喜怒哀楽"を感じる力をくれてる。

ぜんぶ大事にして味わうってゆうか。

良いのも悪いのも。

その為に俺らは
ここにいると思うし。

それはどんな味であれ、
どんな大きさであれ、
どんな色であれ、
それはその人の為に用意された物だし、
生まれる前に魂が約束してきてる、みたいな。

それを感謝するために必要なコトは自分を信じる事だし、
運命を信じる事。

【喜怒哀楽】一人間の持つ様々な感情。「キン肉マン」(ゆでたまご)に登場する悪魔超人「アシュラマン」には「怒り」「笑い」「冷血」
の三つの顔がある。

ついてない時もあるよ。
じゃあ星の所為にしちゃおうぜ。
みたいなさ。

今ついてないだけ。
誰の所為でもない。
時代の所為でもない。

トランプの所為でもヒラリーの所為でも
アベの所為でもないってゆうさ。
ってゆう方法を自分のところに落とし込めれば、
何も怖くないじゃん。

なんだっていいよって感じじゃん。
俺は俺だから。

そっちにベット。
全賭け。
もうこれで無理なら無理。みたいな。
でもそうしたら本当に運が良くなった。

究極。なんだよ。

【トランプ・ヒラリー・アベ】―アメリカ・日本の政治家のトップ陣。良くも悪くも、国民一人一人が選んだ(投票した/しなかった)
結果であると言われるが、コンピューターの普及から世界中で不正選挙が横行する時代となった。
【ベット】―ここでは「お金やチップを掛ける」という本来の意味を転じて、天に運命を委ねるという意味。ドイツ語では寝台。(ベッ
ドの語源でもある)

天を疑わないし、
天に預ける。

使命が終わったら、
勝手に召し上げてって感じ。

EPISODE
#10

卍LINE／音楽／#なりたい俺

俺が思ってること、願ってること、

俺が怒ってること、悲しいこと、

俺が嬉しいこと、

そういうことを歌にしているのが卍LINE。

自分のケツを叩いてくれて、

肩を抱いてくれて、

ちょっと先の未来を歩いてる。

「ダッセーなー、お前」とか言える。

言われたらムカつくんだけど、

まあ自分だから、メタくそ言ってく、みたいな。

俺が目指したいと思ってるカッコいい自分。

わりと無敵な存在。

【卍ライン】―窪塚洋介のレゲエ DeeJay（歌手）名。2006 年 8 月に卍 LINE 名義で曲を発表。以降、ライブや音源製作を精力的に
重ねている。2017 年時点で、「とうとうハマチがカンパチになるよ」と、次作から改名を決断。（2017.06 Apple Music Lab のトークにて）

始皇帝の家来が

「すべてを叶える吉祥の紋です」

と卍を持っていった時に

「それは万事のことを叶えるんだな。

ではそれを『万事』と呼べ」

というのがあって。

【卍】―吉祥（幸福、繁栄を意味する）の印、象徴。インドのビシュヌ神の胸の旋毛が起源とされる。仏教では仏陀の胸などに現れた印の表象となった。超古代の文明の遺跡からも出土していて太陽、時、寺院、忍者などの意味もある。

そこには

太陽とか時、

（過去・現在・未来）、

十字架が動き出して

回り出した時の渦、鍵、忍者

という意味もある。

卍LINE は、全部出しだから。

離婚の話もすれば、
原発の話もするよっていう。

なるたけ自分にウソを
つかないようにしていれば、
これからも卍が卍でいられると
思ってますね。

【HOT COZZY】―卍LINE のライブ DJ として活躍する傍ら、自らも AMATORECORDZ の SELECTOR として全国各地でサウンドプレイも展開。窪塚の役者、音楽活動の両方のマネージャーもこなす相棒。

たたかう	だます
どうぐ	こわす
まほう	おどす
うたう	べくれさす
はなしあう	うばう
しかと	ぬすむ
にげる	しかと
#卍コマンド_RPG	にげる
	#権力コマンド_RPG

今日は昨日でもないし、明日でもない。

それって「あったりまえだろ」って思うけど、
そういう、
「あったりめーじゃん、そんなの」っていうワードを、
結構MCでも言ったりする。

わざと繰り返したりする。

それやってると、自分の中に言った言葉が染み込んできて、
「うわーっ」ってなったり。

同じこと言ってるのに
1回目より3回目のほうがずっと伝わったり。

んでその言葉を向けるのは、
まず自分だと思ってる。
声が一番聞こえるのは、
響くのは、自分なんだよね。

だからなるべく前向きな言葉をあげたい。

【MC】—ライブ中の、曲間のトーク。また、ヒップホップミュージックにおいては、曲にのせて(アカペラでも)ラップする人。マイクロフォンコントローラー。

すげーヤベェものを見た時とか、
特に仲間が作ったそうゆう物を見た時とか、
嫁が、可愛い時とか、
褒める。
言葉にして褒める。
ありがとう1つとっても、言霊の話じゃないけど、
言葉の力ってのはすごいあるから。
ほんとそれを信じ抜いて使う。
なるべく皆がハッピーになる方向で使う。
ってゆう風にしてる。

まあ、キレてメチャメチャ言う時もあるけど、
それはそれで。修行中なんでゴメン。て。(笑)

照れ臭い事もめっちゃあったけど、
でももう言っちゃって。
二十代前半の頃に、
"照れ臭いって言ってる事が照れ臭い"
って、そーゆー風に保険かけたな、みたいな。
逆方向に。
そっち行くしかないようにした。
自分で。

【言葉にして褒める】―どんなに気持ちがあったとしても、言葉にしないと伝わらないこともある。「好きって言わないとわかんないよ！」は青春の名台詞。だが言葉にせずに伝えるという方法もあるのは事実。

音楽はライフスタイル。
現実的にライヴをやらないと
食っていけないっていう状況もあったし、
ライヴしてないと
自分じゃないみたいなところもある。
音楽ともっと仲良くなったというか、
いつもそばにいるものになった。
それはスゴくうれしいし、
リリックにも影響してる。

昔からそうだけど、
子供の頃から一回夜起きたら眠れない人だから。
ずーっと超起きちゃってるの。
ある意味。

もう、"anytime ready" の状態になっちゃってんだよね。

「はい！ライヴして!!」
って言われたら、
「オッケー！」
みたいな。
「ちょっとズボンだけ穿かして」
みたいな。（笑）
ある意味、レゲエってそういう音楽だと認識してる。

いきなりステージ上げられて、
「歌え！」って言われて、
歌えない奴はもう、いらん！ みたいな。
そういうシーン。

でも、そう思うとそれが当たり前になったしね。

【anytime ready】―いつでも準備は出来ている、いつでもOK、という意味。男女関係にはあまり使われない。使える(!)ならば
「Ready to f○○k」。

169

それは、北野武さんが、
"家に帰るまで北野武なんだよ"
って言ってたことに似てる。

いや、もっと深められてると思う。
俺は。
家に帰っても俺、みたいに、

家に帰っても
卍LINE。

家に帰ってからこそ、
卍LINE。（笑）

【家に帰るまで北野武なんだよ】―とあるインタビューで「42年間帰ったことがない」「いろんな自宅を転々としている」とのたけし節が炸裂したことも。

だから、そこを引き受けるってゆうか。
ちゃんと自分で。
全うしようとするってゆうか。
できない時もあるけど。
でも全うしようとする。

自分を。

もしなりたい自分があるんだったら、
ちゃんとなろうとする。

誰もやってくれないし。
自分でやるしかないから。

そいつになるんだろっていうか。

なりにきたんだろ！って。

【なりにきたんだろ！】―なりたい自分になり続けようとする人だけが、そうなっていく。やりたいことをやり続けることだけが、
やりたいことをやれていく。「大人になれ」は諦めたやつが吐きがちな言葉。

171

女子高生がさ、
「卍LINE、
映画に出てる。ウケるー！」
って。（笑）

それでいい。

常に

音を鳴らしていかないと

いけない。

命の音を。

だったら良い音鳴らしたい。

なるべく良い事起こるように。

明日もっと良い

世界で暮らせるように。

今になってハッキリとわかるのは、
どのジャンルだろうと構わないけど、
ミュージカルウォリアーの頭数が
思ってたより全然少ないということ。

平和な世で
レベル（反抗）ミュージック
と叫んできたものの、
いざとなるとコダマすら聞こえないこと。
現実に立ち向かうべき音楽が、
現実逃避のための音楽になってること。

【レベルミュージック】— rebel music、反抗の音楽。レゲエミュージックを指す言葉として使われることがしばしばある。レゲエの
歌詞の中で、社会や政治、バビロンへの批判を主題とすることが多いことからそう呼ばれる。パンクやロックでも、体制に抗う
姿勢があればレベルミュージックである。

正味の話、

俺たちはきっかけにしかなれない

ってところもあるし、

それ以上の責任は取れない。

大きな河の流れがあって、

上流から栄光の未来という

川下の方、

そっち方向に自分も、みんなも、

アシストしてあげれば良いと

思うんだよね。俺らの歌もそう。

役者という存在は何者にもなれるし、
何者であってもいけない。

そんな拠り所がない怖さの延長線上で
「ここが俺」
って言える場所がほしくて
音楽をはじめているようなところがある。
でも音楽があるからこそ、
映画がやれるし役者がやれる。
自分の中に基準を持てる。

正真正銘のリベレ

ーター
（解放者）

すべてはバランスなのかも。
自分と、自分と世界の、世界の。

生き方

【バランス】一つりあい、均衡、調和がとれていること。陰陽にも通じることである。どちらかが強すぎたり重すぎたりすると崩れる。恋は常にシーソーゲーム。

真ん中

目に見えないものとか。
そうゆうの、もっと取り入れた方が良いと思うけどね。
目に見えることばっかり、頼りすぎてきたから。
でも半分半分だから。
どっちがだけなら、どっちもどっち。
半分全然無い状態と、
半分は見えないから何とか感じようとしている状態は、
絶対違うし。

そもそも、元気も陽気ものん気も
「気」って付く。
言葉は目には見えないけど、
俺らの祖先はそれを現す言葉を生み出してた。

在るからね。

【気】—中国では様々な意味を持つが、日本では生命力・気分・場の雰囲気などを表す。ドラゴンボール（鳥山明/集英社）ではかめはめ波などになる。

みんな本当はつながってるから、不良も優等生も一緒。
俺が居れば皆んなが同じ所で会えるて思ってた。
だから、
真ん中にいたい。

それは本当に大きいところで見て、自分自身も社会も、その
真ん中を探していったってゆうか。
だんだんだんだん目線が高くなっていったから、
それに合わせて自分の真ん中を合わせていくってゆうか。

我のみ知る道、
愛をもって。

その道は皆につながっている。
てこと。

日記

日記は高校の時、
そん時役者のレッスンの一環で始めさせられてたんだけど、
今、俺のヘアメイクやってくれてる友達そそのかして、
「長く続けた方に何かおごる」
という賭けで続けた。

けっこう何年か続けたよ。

人には見せられないけど。(笑)

俺が今までどうやってここまで来たのかが、
その日記を見ればわかる。
過去の道しるべみたいなものかな。

【日記】―「あの頃は ハッ!」という歌詞で有名な曲のタイトルは「古い日記」(1974/和田アキ子)。今でも歌い継がれる名曲である。
思い出の保存や、自分を見つめ直す手段にもなる。

二度とナイ"今"を

ノートと脳裏に刻みつけた。

今もちゃんと延長線上だよ。

親父

身近で魅力的な人といえば、
うちの親父がそう。

尊敬してる。すごく頭はいいし、
しっかりしてるんだけど優しいし。

今でも人生の岐路に立った時はたくさん話す。

そのたびにすごい人だなって思う。

多趣味でね。石を集めたり釣りをしたり。(笑)

一時は高校をやめて、

役者に専念することを

真剣に考えた時期もあったけど、

周り中が俺の中退に反対しているのに、

親父だけが「やりたいことがあるならやれ」

と背中を押してくれた。

親父からは無意識のところも含めて

いろんなことを教えてもらった。

【高校を辞めて】―結果的に高校は卒業。横須賀の進学校で、ノーベル物理学賞受賞者小柴氏や、元総理である小泉氏と同じ高校である。大学には進学せず芸能活動に専念する。

恋愛に限らず、

時間をかけて関係を育てること。

一緒に過ごす時間が、信じる気持ちを
自然と深めてくれると思う。
そうするといいパワーが出る。
それでも裏切られるなんてエグイことも世の中にはあるけど、

それは自分が選んだことだから。

【信じる気持ち】―あくまで自分の中の基準があってこそ。恋愛においては「信じてたのに！」と泣かれることがある。信じられてない時に「信じてるから★」と脅迫される時も。

俺の家族・仲間・ファンの皆

これからもよろしくね。

もっともっと

楽しんで行こうぜ。

NOWHERE / NOW HERE
いま・ここ

この世界の何処でもない、

「いま・ここ」

が世界の真ん中で、

運命の場所。

目の前にいる君が俺の運命の人。

いつもそう。

約束のこと。

答えは、いつも自分の中に。
その答えを確かめる術は、いつも自分の外に。

中身

ガワ（外側）だけ寄せてみたって何の意味もなくて、
ガワ（外見）が内面の一番外側なら、
大事なのはやっぱ中身だよね。ってこと。

天はすべて見てる。

因果応報は宇宙の真理。

死ねば終わりだから何したっていい。
誰かをどれだけ傷つけても。
という価値観で生きてる者どもは、

今は感じられなくても、

いつか、

その魂に載る重いカルマと行いの代償を

覚悟する間もなく、

存分に味わって堕ちてゆく。

【因果応報】─仏教用語。善い行いは善い結果を呼び、その逆もまた然り。そしてさらに、「前世」や「前々前世」などの過去の善悪の行為も関係する。カルマとダルマ。
【カルマ】─日本語では「業」。サンスクリット語で「行為」、さらには行為による「宿命」という意味もある。ここでは悪心によって起こる不善業の意味。ダルマは善業の方。

体が魂を失うんじゃないよ、
魂が体を失うの。
魂は不滅運行です。

そして、起こることすべては
自分の行いの結果。

病も事故も戦争も天災も。

宇宙から見ればツジツマは合ってる。

じゃあなんで起こるのかって？

何度も言うけど…

魂 を 成 長 さ せ る 為 で す よ 。
ギフトですよ、
ギ 。 フ 。 ト 。

＃ギフト
＃インビテーション
＃チケット

人間は、たいがい、
何かの瞬間に壁を
越えたとかじゃなくて、
少しずつだんだんと
変わってゆくもの。
今は絶対に途中だし、
死ぬまで途中だと信じてる。

【死ぬまで途中】─生きることにゴールは無い。あるとすれば死である。「死ぬこと以外はかすり傷」という詠み人知らずの名言もある。輪廻を信ずるなら死後も続く。

Love以外のモノは、

テキトーにやっといていいから。

たいして意味ないから。

それぞれの"LOVE"をさ、

めっちゃラブだなお前⁉ ってさ、共有してさ、

それだけでいいじゃん？ て言ってんの。

LOVE以外ないんだもん。

ホントは。

「お前を世界にわからせるぞ！」

と舞台の板の上に立たせてくれ、

演劇の魔法をかけてくれたのが、

蜷川幸雄さん。

あの人のLOVE。

【蜷川幸雄】─演出家・映画監督・俳優。(1935.10〜2016.05) 現代日本を代表する舞台演出家。海外でも高い評価を受け、「世界の
ニナガワ」とも呼ばれた。代表作にシェイクスピア作品、寺山修司作品など多数。窪塚洋介の初舞台出演作、「血は立ったまま
眠っている」(2010) も演出した。

蜷川幸雄さんは、

親戚のジェダイマスターみたいな感じ。（笑）
俺のことをすごい愛してくれてるのを感じてました。

蜷川幸雄さんが言ってたことで
面白いなって思ったのは、
寄りと引きは自分でやれって。
観客の目線がカメラなんだって。
自分でそう思いながらやっていれば、
そういうふうに見えるんだって言われて、
なるほどなぁって。
そう言われて、ひとつひとつの動きに
もっと意味が生じてきて、楽しくなった。

「血は立ったまま眠っている」は、

自分が舞台をやるならこうしたい、

こういう作品でと思っていた、

そのすべてがリンクしてうまく噛み合った作品で、

お話をいただいた時は

「あ、もうこれしかねぇな」という感じだった。

寺山修司さんの時代にあった

「革命を起こして世の中を良くしていきたい」

という想いは、

今の自分にもあるし、

そのために生きているようなところがある。

**──いろいろなキャラクターを演じる上で、
演じ分けるポイントはありますか?**

いや、あんまりないですね。

マニュアルがないから。

自分が見たり聞いたりしてきたこと、

考えてきたこと、

やってきたことがそのまま出るだけだから。

それを役とどれだけ混ぜられるかだと思うし。

俳優になりたいなら
その辺の 俳優に聞きなよ。

俺に聞いたらその道
逸れるの確定するから。(笑)

まだ待ってくれている人、

もうないって言っている人、

いろんな人間がいると思うけど、

それは作品でわからせていくしかない。

でもまぁ、

時間が勝手に証明してくれることだと思う。

【全盛期と変わらないね】―褒め言葉のつもりと思われるが、そんなこともない。その人の全盛期を勝手に決めつける、上から目線の言葉である。発言者の立ち位置が問われる。

まぁ見てて。

人間
男
夫
父
役者
ミュージシャン
作家
モデル
ディレクター
プロデューサー
アーティスト

流れのままに。

心の声を聞いて、
バランスを取る。

一度きりのこの人生を悔いのないものにするための、

このフォーメーション。

最高ヴィジョンで前へ!!

EPISODE
#11

芝居／
役者／
俳優／
＃沈黙

【沈黙 (2016)】―遠藤周作の小説「沈黙」(1966) が原作の映画。監督マーティン・スコセッシが1991年から構想していた「レイジングブル」、「タクシードライバー」に続く念願の自主企画。

マーティン・スコセッシの
映画のオーディションがあるってなって。
ヤベーじゃん。
絶対行こうってなって。

超気合い入れてて。
でも俺、舞台の真っ最中だったんだよな。
台本暗記して来てって言われてたんだけど、
暗記してなくて。

で、行ったんだよ。
東宝だったかな。
スタジオ行って。
マネージャーと。
ガム噛んでて。
まあ、入って行って。
「じゃあ控え室に通します」
って言われて。
ガチャって開けたら、
ここ会場じゃん！
ってなって、

【マーティン・スコセッシ】―「タクシードライバー」(1976)、「ディパーテッド」(2006)等、数多くの歴史的名作を送り出し続ける
アメリカの映画監督。

控え室って聞いてたからさ、
ガム噛んだままなの。

で、一拍あってから、
嵌められた感じするってなって、
すげームカついてきて。(笑)
って思った時には、向こうから、
女の金髪のプロデューサーみたいなのが近づいてきて、
俺の眼前まで来て、
「マーティンはお前みたいな奴がホント嫌いだから！」
みたいなこと言ってきて。

で俺も、控え室って聞いたってのを伝えたくて、
周りにいた日本人のスタッフに
フォローしてもらおうとしたら、目逸らすんだ。(笑)
超冷てー。ってなって。
で、渋々謝ってガム捨てて。

【女の金髪のプロデューサー】一味方になれば頼もしく優しいが、認められていない間はひたすらに冷酷。文字から醸し出されるエロさは皆無。

で、ビデオオーディションだけど、やんのか？
みたいなことその金髪の人が言うから、
「やりたい」って言って。
でもシーンってしてんの。
まさに沈黙。

で、みんな名だたる役者が、みんな台本覚えて来てるんだって。
俺だけ覚えてないの。
で、台本持ちながらやるんだけど、
あまりに空気が張り詰め過ぎてて、
思うような芝居が出来ないのね。(笑)
ぐらいの張り詰め方をしてるの。
ピーンって。

怒られた、あいつ。みたいな。

怒られた奴が演技してる。みたいな。

で、終わって帰ってマネージャーに、
「やっちゃった。駄目だったと思うわ。
スッゲー空気も悪かったし、怒られたし」
って言って。

【俺だけ覚えてないの】一針のムシロ状態。針でできたムシロ(敷物。ゴザなどを指す)の上に座るというイタい状態。つらい場所や境遇の例え。

215

翌日電話かかってきて、
今回は結構ですって言われて。

残念だねーっつって、2年ぐらい過ぎたら、
また電話がかかってきたと。
で、もう一回来いと。

マーティン・スコセッシが

キチジロウの役だけ決まらないって。
キチジロウが決まらないと、
映画撮れないってなってるから。
もう一回皆んなに声掛けてると。

で、もう一回行ったんだよ。
これでガム噛んで行く訳にはいかないねって、
ちゃんと普通に行って。

【キチジロウ】一主人公であるイエズス会司祭、ロドリゴを日本に案内することになる日本人。やがてロドリゴを裏切り、奉行所へ密告する。しかしその後もロドリゴを追い続け、許しを乞う。彼の人間らしい弱さが物語をうねらせ現代人の心情にリアルに迫る、非常に重要な役。原作者遠藤周作は「自分自身がモデル」と語っている。

やっぱ、
一緒に仕事したい人ってゆうのがあったから。
それぐらい何でもないって感じでさ。
そしたら、
また居るんだよ。
例の金髪のプロデューサーが。

「うわー、いる」

って思って。

そしたら、
「nice to meet you」
って言われて。
…お？
「nice to meet you!」
って言って。（笑）

超初見のフリ。

俺の歳を挟んで上十歳、下十歳。
有名な日本の俳優ほとんど来たって言ってたから、
忘れてんだこれ！って。（笑）

早速やってって言われて。
そん時には台本覚えてたんだ。
で、ビデオの前でやって。
そしたら、撮ってくれてたスタッフが、

「amazing!」

ってなって。
お前超ヤベーじゃんみたいな。

で、
「またビデオオーディションあると思うから」
みたいな感じで言われて、
もう一回行って、
マーティンも気に入ってるってなって。
もう一回ビデオオーディションやって、
「もっと他のパターンは無いのか!?
とか言われて、

じゃあこれで良いかなって
俺が思う感じで
何パターンか
バーンってやって、

【amazing!】―素晴らしい!・凄い!の意味。「超ヤバい!」と同義。アメリカで最も愛唱されている曲の一つ、「アメイジング・グ
レイス」のアメイジング。

そしたら、超いい♪ 超いい♪ て感じでノリノリになってくれて、
「もうちょっとこうゆう感じも出してみたら!?」
みたいなアドバイスとか言ってくれて。

「そっちの方が絶対良いわよ！」

みたいな。

すげーそこに居る人みんな応援してくれてた。
やべーな。一回目と違って優しい。って。(笑)

で、またしばらく経って

最後の2人まで残ってるからってなって。
六本木のリッツカールトンで

マーティンと会って。

マーティンは最初から超ご機嫌で。
ドア開けたらすごく光が射してて。

ホントに、シャンシャンの日で。
太陽が。
広ーい、なんてゆうか、
ホテルの2階とかにある広間みたいなとこでさ、
若干シルエット気味に
マーティン立ってて。

【六本木のリッツカールトン】―ザ・リッツ・カールトン東京。東京ミッドタウン内にある、メッチャ高級ホテル。最高級スイートルームは一泊242万円。

後ろ向いてて。
で、振り向きざまに後光背負ってるから、

ボンボクラー！！って。（笑）

近づいてって、
「nice to meet you」
って言って。

向こうも、
「nice to meet you」
声ちょっと高めの、白髪の子供みたいな人。
キラッキラしてた。

すっげー仕立ての良さそうなスーツ着てて。
なんかずっとニコニコしてて。
「会いたかったよ」て、
いや！俺の方がゼッタイ会いたかった！て。（笑）

なんか不思議とちょっと懐かしさあるなー
みたいな感じあって。
変に緊張しなくって。
でも別に、達者に英語喋れる訳じゃないから、
すぐ割と本読みってなって。

【ボンボクラー!!】―ババトワ語。本来は侮蔑的な意味を持つ怒りの言葉。しかしテンションが上がっている時、驚いた時、すこぶる良い意味でも使う。
【本読み】―俳優同士で脚本を声に出して読み合い芝居をすること。俳優が足りない場合はADや助監督が読むこともあるが、監督はまず読まない。

「じゃあやろう、
相手役は僕がやるよ」
って言ってくれて。

！・・・マジかよって。
マーティン・スコセッシと芝居やれんの!?
ってなって。
それだけでゴハン12杯は食べれるわーって。
で、たまにつっかえたりするんだ。俺は目見ながらやんじゃん。
向こうは本読みながらだから。

本読みなんか普通監督はしないんだよ。
誰かがやってんの横で見てる筈なんだ。

それを、相手役やってくれて。
それだけで嬉しくて
テンション上がって、

すごい伸び伸びやれて。

今までのビデオオーディションなんかより、

全然伸び伸びやれて。

やっぱホント空気大事だな、みたいな。

その上、5シーンくらいあったけど、

1シーン終わるたびに、

「amazing」

「wonderful」

「beautiful」

「awesome」

って言ってくれんの、

天に舞うような気分てこのことだなって。

一番最後の関門で、

一番自由に最高にやれたのは、

マーティンのおかげでもある。

最後終わって、

「じゃあ台湾で会おう！」

って。握手してくれて。

【じゃあ台湾で会おう！】一小説「沈黙」の舞台は長崎だが、主要な撮影は台湾で行われた。2015年1月から、4ヶ月超えの大掛かりなロケだった。

ヤベー決まった。。。
ってなって。

久しぶりにソワソワ感が半端なかったな。
どうやって帰ったか覚えてないもんな。(笑)

そっからちょっと連絡くるの遅かったけど、やっぱり決まって。

マーティンが想像してた
キチジロウじゃないキチジロウ。
だけど、
本物のキチジロウだって思える奴が
見つかったって言われて。
台湾で楽しみにしてるね。みたいなメッセージもらった。

【マーティンが想像してたキチジロウじゃないキチジロウ】―巨匠スコセッシがオーディションを延期してまで探し続けたキチジロウに出会った瞬間。

だけど、ホント、今もまあ思ってるけど、

本当の意味で人生に、地に足付いてやってくってなった時に、

たまたま、

マーティン・スコセッシの映画にたまたまハマった役だから、

俺が。

別にネイティブに英語喋れる訳じゃないし。

ニューヨーカーの役で、

水曜日に仕事帰り、彼女と

マディソンスクウェアガーデンで

待ち合わせしているカット撮るよ

って言われるような

映画なんて、

恐怖だから。今は。(笑)

【ニューヨーカーの水曜日】—よくある恋愛映画や、アメリカのドラマでのニューヨークでは、なぜか物語が水曜日に始まること
が多い。

だから、今回の役は、
片言の役だから胸張ってやれるってゆうかさ。
今までのやり方でやれるってゆう。

最初に台湾着いて、
向こうの制作部行った時に、
「おー！こんなに痩せてきてくれて！」
とかってなって。

いや、俺、体重変わってないよ。
みたいな。

「ホントに撮影終わるまで頑張ってね、ホントに感謝してるわ」
いや、俺ずっとこれなんすけど。みたいな。
でもアメリカ人からしたらさ、
超細い訳じゃん。
子供みたいな体格してるってゆうか。
でも、それがマーティンが描いた、
当時の日本人の体型ってゆうか。

その偶然？も全てが絡んだ訳だからさ。

【マディソン・スクウェア・ガーデン】―マンハッタンにある、スポーツアリーナ及びシアター・ライブ会場。2014年にX JAPAN
が公演を行い話題に。
【浅野さん】―俳優、浅野忠信。『バタアシ金魚』（1990/監督：松岡錠司）での映画デビュー以来、国内・国外問わず数多くの映画に
出演している。

だから、俺は俺の出来る事をやりたいなって思うし。

無理に俺を大きく見せたい訳じゃないし、

「俺ハリウッド行くんすよ、みんなのこと忘れません」

みたいなさ、ことじゃねーなって。

それは俺っぽくねーなって。

いつまでも山手線乗れる男でいろよ。
みたいなさ。

浅野さんに言われて、すげー嬉しかったのが、

「窪塚くん、
ホント変わんなかったでしょ？
日本でもそんな感じで撮ってるんだろう
なって思ったよ」

とか言われて、それはめっちゃ嬉しかったな。

別に普通にしてたつもりではあるけど。

浅野さんが、

そうゆうところに反応してくれたのが嬉しいってゆうか。

【いつまでも山手線乗れる男】―著名人でも、時にはサングラスさえかけずにあっさりと電車に乗るタイプの男たち。バレて囲まれることもある。窪塚はどのようなシチュエーションも一人で捌けるという。

227

未だに、
家のデッカい額の中に、
行きの飛行機のチケット入ってる。
すげー好きだった監督だったから。
ほとんど観てる。
マーティン・スコセッシ。

特典映像まで観てた作品の監督が、

目の前で、きったねえ階段の下の、なんてゆうの？
地下のさ、埃まみれの所に、寝て
「ここにこうやって寝て、」
とか、演出してくれるってゆうさ、
そんな仕立てのいいスーツ着てんのにさ。

粋じゃん。

すげぇカッコ良いなーって思った。

【埃まみれの所に、寝て】—スコセッシ監督は「まずは役者のやることを見るし、否定しない」、役者に演技を委ねて褒めて引き出す演出でも知られている。

なんかでも
日に日にねー、
すごい、待遇が良くなっていくってゆうか。
撮影入ってから、
一週間ぐらいかな。

中が部屋みたく改造された観光バスが一台増えてて。
それまであった観光バスは、
マーティンの使う観光バスと、
アンドリュー・ガーフィールドが使う観光バスと、
アダム・ドライバーが使う観光バスと、
3台だけだったんだけど。
その時現場に行ったら、
4台になってたんだよ。

Good Morning て現場入って、
パッと見たら、

"Kichijiro" って書いてあって。

【観光バス】─今回は観光バスだったが、ハリウッドでは「トレーラーハウス」という移動式の住居が控え室（楽屋）代わり。メイン
の俳優陣が使用。ジムが搭載されたものなど数台使う者もいる。

でもその時、
他の役者さんたち皆んな同じ所なのね。

あってもちょっと小さめのキャンピングカー使い回すみたいな。

で、今日からお前これ使えってなって。
いや、ちょっと使いづれーなーって思ったんだけど、

「これはお前の車だから
お前が使ってくれ。
マーティンからの指示だから」

って言われて。
で、中入ったら、
でかいテレビ付いてて、ソファとかも付いてて。
すごい改造されてんのね。
要は、座席がほとんど無いんだ。
で、部屋みたいになってて。
トースターだのなんだのって、ブワーって付いてる。
で、台湾の設備で整えたからゴメンねって言うんだけど、

【お前の車】―キチジロウ用の楽屋。車として走る機能は残っているが、ハリウッドの楽屋トレーラーハウスを模した、バスでは無いバス。

俺こんなの使ったことないっす。

初めて見るんだけどみたいなさ。

ボロい観光バスなんだけど、
ボロいってゆうか、ちょっと古い観光バス。
その中を綺麗にしてくれてて、
で、それをずーっと終わりまで使わせてもらって。

あと、俺らが泊まってたホテルの19階に
ラウンジがあるんだけど、
使うのに1万円ぐらい払う感じのところなんだけどさ、
ある時、下で、1人のプロデューサーと一緒になってさ。
で、そこのラウンジ連れて行かれて、
何でもあるんだよ。
酒も、ちょっとした食い物も。
で、
「お前、今日からここ使い放題でいいよ」
みたいなこと言ってくれて。

で、そっから俺ビールとか、
持ってくなって書いてるんだけど、
部屋持って帰って飲んだりしてた。(笑)

【そっから俺ビールとか】―いくら飲み放題と言え、部屋に持って帰るのはマナー違反。日本には食べ放題の店に出現するタッパーおばさんが居る。

231

**CUT-IN
QUESTION
#6**

マーティン・スコセッシの
映画の位置付けは？

【マーティンスコセッシの映画】─世界的にも熱狂的なファンが多く、ハリウッドにも出演を熱望する俳優は数多。映画の世界の
「テッペン」と言える。

サッカーで言うならワールドカップかな。

でも、ハリウッド映画に出れたってゆうことよりも、
マーティン・スコセッシと
仕事が出来たってことの方が大きいかも。

何ていうか、英語喋るってこと含めて、
まだ俺のフィールドの中で彼と仕事が出来た。

英語をこれから俺が仕上げていって
舞台をハリウッドへ、
ってゆう先のパラレルワールドもあるのかもしれないけど。

【次の作品】—ハリウッド進出第2弾、『Rita Hayworth with a Hand Grenade』(仮訳邦題：リタ・ヘイワースと手榴弾)』(スローン・ウーレン監督)に出演予定。

**「テレビ業界に中指立ててからここまで、
回り道と感じたことはありますか?」**

選んでくれて嬉しかった。
心底嬉しかったっていうのが率直な感想かな。
自分がやってきた、
信じてきたやり方で、
自分のスタイルが通用した。みたいな。
しかも、テッペンの人に。
世界に。

しかも俺が好きだった人が気に入ってくれたんだなって。
俺の芝居を良いって言ってくれて、クランクアップの時に、
「君が居てくれて本当によかった。
最初からずっと頼りにしていたんだよ」て言ってくれて、
それは死んでもいいレベルで嬉しい。

芝居って結構伝染するもんなんだよ。
悲しい時にこうゆう顔する。みたいな。
インプット入るってゆうか。
意識的に人の芝居を真似する人とかは置いといて、
無意識レベルでも刷り込まれちゃう。
小手先の技や見せ方の技としての演技と

【テレビ業界に中指】―テレビドラマには2003年を最後に、ドキュメンタリーは2005年を最後に、一度も出演していない。(CM
には出演している)

"そこに居る"という芝居。
役者論とか演技論とかって、
一目瞭然の「作品」ってモノがある時点でウザいだけど、
言うなればそんな感じ。
そういうスタイル含めて、
海の向こうから迎えが来たんだなって思うと嬉しいよ。

「28年間やりたいと思って
描き続けてきた『沈黙』の
自分のイメージしてきた
キチジローではなく、
本当のキチジローがそこにいた」

マーティン・スコセッシ

【一目瞭然の「作品」てモノ】―もちろん一人一人の役者の演技は重要だが、映画は、作品が全て。有名俳優を起用して集客できた≠いい映画。

THE FASHON POST 2017の
インタビューより抜粋

**──切羽詰まった1人の隠れキリシタンの感情を
観客に伝えるうえで、何を意識しましたか?**

日本が持っているポテンシャルが
低いんだか高いんだかわからないんだけど、
「キリストOK!」
「ブッダOK!」みたいなキャパシティっていうのは、
世界平和に直結している思想だと思うんです。
だから、僕はそれが好きだし、
誇るべきところだと思うから、
なんか曖昧とか言われちゃう国だけど、
その曖昧でいるっていうことは、
自分が十代の頃を思い出すと、
向こうまで振り切っちゃえば楽、
こっちまで振り切っちゃえば楽、
だけど俺はそうじゃない、
俺はここにいる、

【The Fashion Post(ザ・ファッションポスト)】―東京を拠点に国内外のファッションシーンに関するコンテンツを発信するメディ
アプラットフォーム。

なんて中途半端な人間なんだろう、
それなら中途半端を極めようってなったことにちょっと似てる。
そこに抜け道があるというか。
曖昧さが自分の個性なんだったら、
そこを突き詰めるべきで、
何者にもなれない、
自分にしかなれないから、
そこを突き詰めるっていう意味で、
日本人が日本人としてそこを突き詰めたら、
何かブレイクスルーして、
世界に風穴が開けられるんじゃないか
っていう思いはずっとあります。

──この映画で窪塚さんご自身が
役者として新しい境地に達したなと思った瞬間は
ありましたか？

なんか全部にエフェクトかかっちゃった感じだから、
コレっていうのは難しいけど、
俳優辞めても良いかなって思ったのは
本音だったのかもしれない。

【風穴を開ける】一弾丸などで胴体が貫かれるという痛い意味もあるが、転じて閉塞感のある組織・体制・時代などに「新風」を吹き込むという意味。

クランクアップの時に、
マーティンから
「君がいてくれて本当に良かった。
初日からずっと頼りにしていたんだよ」
ってまだその日の撮影が残っているのに
シャンパン開けてくれて乾杯した時、
今この瞬間に役者人生終わっちゃってもいいやと思った、正直。

**——十代で日本の映画界にドンと出てきた時から、
演技や仕事に対する考え方は変わりましたか?**

あんまり変わってないですね。

——そのビジョンは最初から持たれていた?

今はもっと明確になってきてるかな。
踏ん切りがついたっていうか。
まあ後戻りもできないし、戻る気もないけど。
戻れるよっていうタイムマシンがあっても乗らない。

【戻れるよっていうタイムマシンがあっても乗らない】—「今を生き」ずに「今に不満」がある人ほど、タイムマシンを欲しがる。
おそらく、のび太君も。

今まで俺に起こったイベントすべては、
今ここでこうやってあなたと向かい合った時に
「幸せです」って言えるための伏線だと思えるから。

落っこって良かったと本当に思えるし、
『GO』(2001)とか『凶気の桜』(2002)とかやってた時に、
インターネットっていう手段がまだない時に、
メディアにバシバシ叩かれてた時の
フラストレーションもあって良かったと思う。

それがなかったら、
人間としてより高みを目指すこともなく、
なんとなくみんなと上手くやって、
愛想笑いが上手で、うまく頭が下げられて、
食う為なんでしょうがないッスとか言って
定期的になんとなく良い役がもらえるような
役者になっちゃってたかもしれないし。

【食う為なんでしょうがないッス】—イコール、「金の為に生きているんでしょうがないッス」。餓死するほど逼迫した状況の役者
は、日本には居ない。

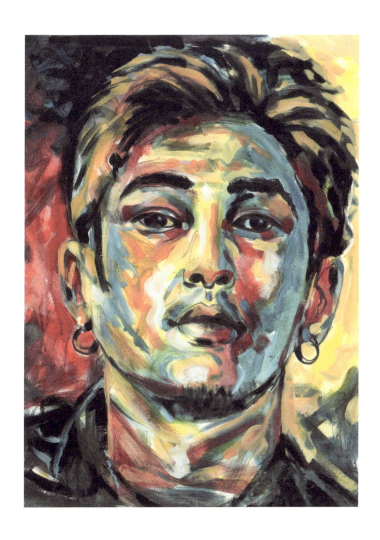

もう一度

まだなん

はじまっ

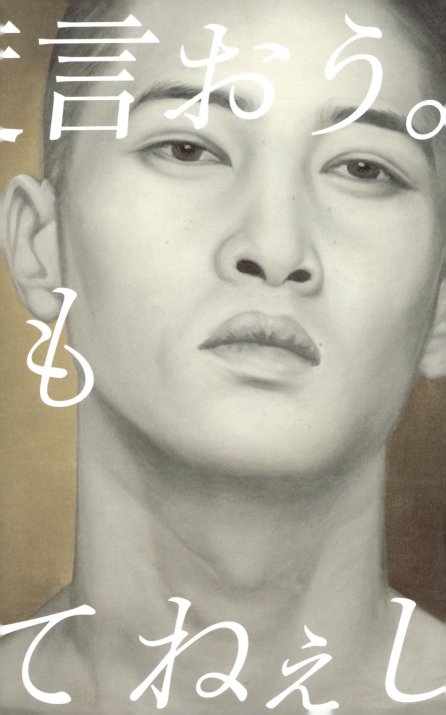

ビビるな。
ブレるな。
信じろ。
跳べ!!

心のままに

窪塚洋介 × NORTH VILLAGE

世界を旅して書き綴った作品
窪塚洋介著書 "放" シリーズ
「放浪」「放尿」「放流」
全国書店にて絶賛発売中!!

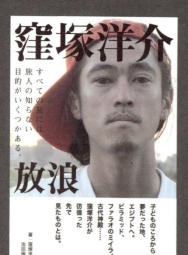

子供の頃から夢だった地、
エジプトへ。
監視員に補導され、
騙され、ボラれながら旅した
窪塚洋介、
エジプトの放浪記。

「放浪」
著者 窪塚洋介, 池田伸
定価 1,500+税
発行 NORTH VILLAGE
発売 サンクチュアリ出版

我のみ知る道、愛をもって。
芸能界デビューからの葛藤、
事件、そして、
卍LINEとしての活動。
タイを旅して、
全てをさらけ出した
自伝＆語録集。

「放尿」

著者 窪塚洋介
定価 1,500+税
発行 NORTH VILLAGE
発売 サンクチュアリ出版

南米（クスコ、マチュピチュ、チチカカ湖）
を放浪し、
衣・食・住・旅・仕事・愛など、
窪塚洋介の想い、
エピソード、信念、哲学を
まとめたコトバ集＆放浪記。

「放流」

著者 窪塚洋介
定価 1,500+税
発行 NORTH VILLAGE
発売 サンクチュアリ出版

遊べて飲める水タバコカフェ
NORTH VILLAGE

渋谷1号店
渋谷駅前店
渋谷道玄坂店
渋谷 V.I.P. 店
渋谷道玄坂小路店
渋谷6号室
新宿1号店
新宿歌舞伎町店
六本木店
下北沢店
吉祥寺南口店
吉祥寺サンロード店
大阪梅田店

www.shisha-shibuya.com
NORTH VILLAGE BOOKS & SHISHA @shisha_shibuya

遊べて飲める水タバコカフェ

我のみ知る道 愛をもって…

座来諱人

コドナの言葉

2018年6月 7 日　初版発行
2018年7月18日　第2版発行

著者	窪塚洋介
装丁・デザイン	東京ピストル
写真	RYO SAITO
絵	Paitoon Singkham
制作・注釈文章	甲斐博和
発行者	北里洋平
発行	株式会社 NORTH VILLAGE
	〒150-0042 東京都渋谷区宇田川町 34-6 M&I ビル 1F
	TEL 03-6809-0949　www.northvillage.asia
発売	サンクチュアリ出版
	〒113-0023 東京都文京区向丘 2-14-9
	TEL 03-5834-2507／FAX 03-5834-2508
印刷・製本	創栄図書印刷株式会社

ISBN978-4-86113-375-6
PRINTED IN JAPAN
©2018 NORTH VILLAGE Co.,LTD.

本書の内容を無断で複写・複製・転載・データ配信することを禁じます。
定価およびISBNコードはカバーに記載してあります。落丁本・乱丁本は送料弊社負担にてお取り替えいたします。